目次

序《じょ》章《しょう》　僕《ぼく》は刑《けい》務《む》所《しょ》を誤《ご》解《かい》していた

刑務所の周囲に高くそびえるコンクリートの塀《へい》に、僕はずっと感謝《かんしゃ》していた。悪いやつらを閉《と》じこめて、街の平和を守ってくれている。あの塀のおかげで、みんな安全に暮《く》らせている。

ずっと、そんなふうに思っていた。

君の想像《そうぞう》する刑務所は、どんなところ？　とんでもない悪の巣窟《そうくつ》で、見るからに凶暴《きょうぼう》な男たちや、冷徹《れいてつ》な知能犯《ちのうはん》、手に負えないチンピラたちがおおぜい閉じこめられている。そんなイメージをもっていないかな。たぶん、多くの大人たちはそんな感じだし、僕だって同じように思っていた。

でも、ほんとうは違《ちが》うんだ。ほとんどの人は、刑務所というところを誤解している。なぜそんなことが言えるかって？　じつは、僕自身、実際《じっさい》に刑務所に服役《ふくえき》したことがあるんだ。

僕は、衆議院議員《しゅうぎいんぎいん》だった2000年9月、秘書給与流用事件《ひしょきゅうよりゅうようじけん》を起こして逮捕《たいほ》された。国からもらう秘書の給与を、事務所《じむしょ》の運営費《うんえいひ》に流用していたんだ。法律上《ほうりつじょう》、国からお金をだまし取ったということで詐欺罪《さぎざい》にあたる。選挙を応援《おうえん》してくれた人や、国民全員を裏切《うらぎ》ってしまい、申《もう》し訳《わけ》ないことをしたと、いまも反省している。

裁判《さいばん》で懲役《ちょうえき》1年6か月の実刑判決《じっけいはんけつ》を受けて、控訴《こうそ》（＊1）をせずに、栃木県《とちぎけん》の黒羽《くろばね》刑務所に服役した。

＊1…地方裁判所で出された判決を不服《ふふく》として、高等裁判所にもう一度裁判をしてほしいと申し立てること。

刑務所に入るときは、正直、怖《こわ》かったよ。自分のことを棚《たな》に上げて、ほかの受刑者《じゅけいしゃ》はきっと、とんでもない悪党《あくとう》だろうと想像していたからね。

ところが、その予想は大きく外れた。刑務所で出会ったのは、認知症《にんちしょう》のお年寄《としよ》りや重い病気の人、障害《しょうがい》のある人たちだった。

自分で着替《きが》えをしたり、トイレに行ったり、お風呂《ふろ》に入るのも、ご飯を食べるのもむずかしい人もいる。耳が聞こえない人、目が見えない人、あるいはその両方の人。読み書きできない人や、自分がどこにいるのかもわからなくて、あたりをうろつく人も、受刑者として刑務所に入っていたんだ。彼《かれ》らのほとんどは、社会から差別されたり、いじめられたりした経験《けいけん》をもっていた。

それまで抱《いだ》いていた刑務所のイメージは１８０度変わった。悪いやつらを閉じこめて、罪《つみ》を償《つぐな》わせる場だと思っていたのに、まるで福祉施設《ふくししせつ》みたいな世界が広がっているんだから。

刑務所の周囲にそびえるあの塀を、僕は誤解していた。あの塀が守っているのは僕たち

の安全じゃない。本来は助けが必要なのに、冷たい社会の中で生きづらさをかかえた人、そんな人たちを受け入れて、守ってやっていたんだ。

それにしても、君はふしぎじゃないかい？

自分でトイレにも行けないような人、目が見えなかったり、耳が聞こえなかったりする人たちが、どうして刑務所に入るんだろうね。彼らは悪いことをしやすい人たちなのかな？　いやいや、そんなことはない。病気や障害があることと、罪を犯《おか》しやすいこととはまったく関係がない。

じゃあ、だれかにだまされたのかな。何かのまちがいで刑務所に来たのかな。むずかしいね。病気や障害のある人たちが、刑務所にいる理由。それは、ほとんどの大人たちも知らない。だけど、君の周囲の大人も、君自身も、無関係じゃないんだよ。

第1章

シャバに出るのが怖《こわ》い！

1 刑務所《けいむしょ》にいるのはどんな人？

「あのお金は、お母さんが神様にあずけたんだ。それを返してもらっただけ。だから、僕《ぼく》は悪くないよ！」

刑務所で出会ったAさんは、いつもこう言っていた。彼《かれ》は20代後半の男性《だんせい》。二度の窃盗《せっとう》罪《ざい》で、2年6か月の懲役刑《ちょうえきけい》に服していた。窃盗罪で懲役刑なんて聞くと、けっこうな大金を盗《ぬす》んだんだろうって思うかもしれないね。

でも、彼が盗んだのは合計300円。神社で賽銭《さいせん》どろぼうをしてしまったんだ。

Aさんは軽度の知的障害者《ちてきしょうがいしゃ》（＊1）で、子どものころは特別支援《とくべつしえん》学級に通っていた。

＊1…生まれながらに、ものごとを考えたり、覚えたりすることがむずかしい人。食事や着替《きが》え、排泄《はいせつ》（トイレ）を自分でできない人もいる。

両親は離婚《りこん》し、ずっとお母さんと2人暮《ぐ》らしだった。彼は、お母さんと初もうでに行ったときのことをよく覚えている。賽銭箱に1000円入れたお母さんは、彼に言い聞かせた。

「神様にお金をあずけているんだよ。困《こま》ったときに、きっと助けてくれるからね」

　母子2人で寄《よ》りそうように暮らしていた。だけど悲しいことに、お母さんは病気で亡《な》くなり、彼はひとりぼっちになってしまった。ほかに親戚《しんせき》も、頼《たよ》れる友人もいないAさんは、障害があるために仕事が続かない。否応《いやおう》なしにホームレス生活をするしかなかった。そんなときに、お母さんの言葉を思い出したんだね。「神様にあずけていたお金で助けてもらおう」って。かつてお母さんと初もうでに行った神社で、賽銭箱をひっくり返した。

最初に盗んだのは200円。近くを通った人に通報《つうほう》され、すぐに逮捕《たいほ》された。このときの裁判《さいばん》では、懲役1年6か月に執行猶予《しっこうゆうよ》がついて釈放《しゃくほう》された。執行猶予っていうのは、裁判で「懲役何年」とか刑が決まっても、一定の期間中（執行猶予期間）に新しい事件《じけん》を起こさなければ、その刑を受けなくてすむという制度《せいど》。はじめての犯行《はんこう》のときや、被害《ひがい》が小さいときなんかによくある判決《はんけつ》だ。

だけど、執行猶予がついたとはいえ、刑を言いわたされたんだから、反省してもよさそうなのに、Aさんの理解は違《ちが》った。

「外に出られたから、やっぱり悪いことじゃないんだ」

そう確信《かくしん》し、また賽銭箱から100円盗んだ。今度は執行猶予中の事件だから、釈放されない。実刑判決《じっけいはんけつ》（＊2）を受け、刑務所に服役《ふくえき》することになった。

＊2…執行猶予がつかず、すぐ刑を受けること。

Aさんのような軽度の知的障害者は、人から言われれば、身のまわりのことはできるから、一見、障害がないように見える。だけど、善悪《ぜんあく》の区別がどこまでついているかはわからない。

二度目の裁判で、彼は裁判長《さいばんちょう》に向かってきっぱりと言ったよ。

「まだ700円、神様に貸《か》している」

その言いぶんは聞き入れてもらえなかった。

300円だって窃盗は窃盗だから、罪《つみ》を償《つぐな》わなければならないのは当然だ。でも、こういう軽い罪は、ふつうだったら刑務所に入るまでもない。被害を受けた神社に心から謝《あやま》って、家族のもとに帰るか、福祉施設《ふくししせつ》に入るのが定番の流れだ。だけど、Aさんは身寄《みよ》りのない放浪《ほうろう》暮らし。知的障害があっても、福祉につながっていなかった。

彼は刑務所しか行き場がなかったんだ。

これはめずらしい話ではない。刑務所の中には、Aさんのように知的障害のある人が、おおぜいいるんだよ。貧困《ひんこん》とか悲惨《ひさん》な家庭環境《かていかんきょう》とか、いくつもの悪条件《あくじょうけん》が重なり、不幸にして犯罪《はんざい》に結びついているケースが非常《ひじょう》に多い。彼らは、軽い罪を犯《おか》すことによって、冷たい社会から刑務所に避難《ひなん》してきたともいえるんだ。

2 受刑者《じゅけいしゃ》の10人に2人は知的障害者

刑務所に入るときは、みんなかならず知能検査《ちのうけんさ》を受ける。一般的《いっぱんてき》にいって、知能指数《ちのうしすう》が69以下だと、知的障害があるとみなされる（世界保健機関《ほけんきかん》の基準）。

２０１６年に新しく刑務所に入った受刑者約２万５００人のうち、約４２００人は知能指数が69以下だった。つまり、受刑者10人のうち、２人くらいは知的障害のある可能性《かのうせい》が高いということだ。

ついでに最終学歴はというと、中学校卒業がいちばん多くて40％くらい。次が高校卒業で30％くらい。大学卒業は５％くらいしかいない。むしろ、義務教育《ぎむきょういく》さえまともに受けていない人たちのほうが、だんぜん多いんだ。

君のまわりの人たちを思い浮《う》かべてごらん。10人の中に、知的障害のある人は何人いる？　きっと、そんなにおぜいじゃないよね。ひとりもいないっていう人もいるんじゃないかな。刑務所の中は、一般社会に比《くら》べて、知的障害のある人が圧倒的《あっとうてき》に多いんだ。

じゃあ、知的障害のある人たちは、いったいどんな罪を犯したのだろう。いちばん多いのは窃盗（盗《ぬす》み）で、だいたい半分くらいを占《し》める。Aさんは賽銭どろぼうだったけれど、ほかに、おにぎりとかパンとか、安いものを万引《まんび》きした人が、たくさん窃盗罪で刑務所に服役している。

車のダッシュボードに置かれていた30円を盗んだだけで、懲役3年の実刑判決になった人もいるよ。

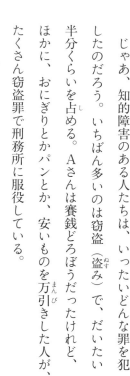

Bさんは、中度の知的障害者で、小学校低学年くらいの精《せい》神年齢《しんねんれい》だった。

あるとき、たまたま通りかかったところで車の窓《まど》が開いていた。ふと見ると、ダッシュボードの上に10円玉が3枚《まい》。つい取っちゃった。ほどなくして、車の持ち主が戻《もど》ってきて「何やってんだ！」とどなりつけられたけれど、Bさんはニコニコしていて逃《に》げるわけじやない。どなったほうは、逆《ぎゃく》におっかなくなって通報《つうほう》。すぐに逮捕された。再犯《さいはん》だったので、「常習累犯窃盗罪《じょうしゅうるいはんせっとうざい》」という重い罪名《ざいめい》をつけられて、3年間も刑務所に入ることになる。窃盗罪、と聞いて想像《そうぞう》するイメージとはずいぶんギャップがあるよね。知的障害のある人の窃盗は、被害額《ひがいがく》が小さくて、すぐにばれちゃうようなやりかたなのが特徴《とくちょう》なんだ。

次に知的障害のある人に多い罪名《ざいめい》は、覚《かく》せい剤取締法違反《ざいとりしまりほういはん》。これは、覚せい剤（＊3）を持っていたり、使ったり、もらったり、売ったりした罪。本人がクスリを使った案件《あんけん》もあるけれど、ヤクザにだまされてクスリの運び屋にされたというのもよくある話だ。

＊3…少しのあいだ心やからだが元気になったように感じる薬だが、使いだすとやめられなくなり、死亡することもある。

その次に多いのは詐欺罪《さぎざい》だ。詐欺といっても、人をだましたり陥《おとしい》れたりというのとは、ちょっと違う。ほとんどの場合、電車やバスの無賃乗車《むちんじょうしゃ》、飲食店での食い逃げなんだ。被害額は数百円とか、多くても数千円くらい。

ほかに最近では、詐欺グループにだまされて、振《ふ》り込《こ》め詐欺の「出《だ》し子《こ》」にさせられた知的障害者も増《ふ》えている。出し子っていうのは、振り込め詐欺で口座《こうざ》に振り込まれたお金を引き出す役割《やくわり》のことをいう。街を歩いていたら「たった数分で数万円ももらえる仕事があるよ」なんて声をかけられて、犯罪とは知らずに手を染《そ》めてしまう知的障害者があとをたたない。

だれだって、罪を犯したいわけじゃない。

知的障害のある人が犯行に走った理由は「生活苦」がいちばん多い。障害があるとなかなか仕事に就《つ》くことができないから、生活が困窮《こんきゅう》しがちだ。身近に頼れる人も、行く場所もなくて、ホームレスのような生活を続けたすえ、空腹《くうふく》に耐《た》えかねて万引きをしたり、食い逃げをしたりするのが典型的《てんけいてき》なパターンだ。

あるいは、やけに親しげに声をかけてくる人がいて、「友だちになった!」と思っていたら、じつは相手がヤクザで、いいように使われることだってある。

知的障害者の犯罪は、罪を犯さざるをえない状況《じょうきょう》にあったり、罪名と実際《じっさい》にしたことのギャップが激《はげ》しかったり、だまされて罪を犯してしまったりするケースがとても多いんだ。

軽い罪だから許《ゆる》されるわけじゃないけれど、多くの人が思っている以上に、刑務所は「え、こんな罪で?」って思わせる人であふれているんだよ。

3 「ぶっそうなご時世《じせい》」っていうけれど

テレビや新聞では、毎日のように殺人《さつじん》とか強盗《ごうとう》とか、ものすごい凶悪事件《きょうあくじけん》について報道《ほうどう》されているよね。何度もくりかえして取り上げるのを見ていると、まるでしょっちゅう、そんな怖《こわ》い事件が起きているみたいな気がしてくる。「ぶっそうなご時世だから」なんてよく言うけれど、ちょっと待って。

犯罪は激減《げきげん》しているんだから。

殺人事件の認知件数《にんちけんすう》（警察《けいさつ》が事件だと確認した数。人を殺《ころ》そうとしたが、なしとげてはいない「未遂《みすい》」も含《ふく》む）は、ここ60年くらいずっと減少傾向で、2017年は920件。10年前に比べて270件も少ない。しかも、2004年以降、半分は家族など身内による犯行で、最近は高齢者《こうれいしゃ》どうしの「老老介護《ろうろうかいご》」の果てに……という事案も多い。高齢者福祉がしっかりしていれば、防《ふせ》げた犯罪だといえる。

ひとたび派手《はで》な事件が起きれば、テレビのコメンテーターが「心の闇《やみ》をかかえた人の犯行」「モンスターが増えている」なんて簡単《かんたん》に言うけれど、通《とお》り魔《ま》のように、まったく面《めん》識《しき》のない人による事件は、殺人事件全体の約1割《わり》しかない。

当然、刑務所に入ってくる殺人犯も減っている。いったい、どのくらいの割合《わりあい》だと思う？　前に、福祉の関係者に同じ質問《しつもん》をしたら「4割くらいでしょ」とか「1割ですか」って言う人が多かった。

答えは……1％。

2016年、新しく刑務所に入ってきた受刑者約2万500人のうち、殺人犯は218人だった。刑務所の中でも、殺人犯と会うことはめったにない。

君たちと同じ、少年の犯罪も激減しているよ。未成年者による犯罪の検挙者数《けんきょしゃすう》は、20

１６年が3万１５１６人。これは、10年前の４分の１くらいの数なんだ。だから、全国の少年鑑別所《しょうねんかんべつしょ》は、ガラガラな状態のところばかりだよ。

こうやって数字で見れば、凶悪事件がたくさん起きているわけじゃないってわかるよね。むしろ、大人たちが「昔はよかった」って懐《なつ》かしんでいる映画『ＡＬＷＡＹＳ 三丁目の夕日』や『となりのトトロ』の舞台《ぶたい》になった昭和30年代は、ものすごく殺人事件が多かった。実際に殺人事件によって命をうばわれた人の数を挙げると、昭和30年（１９５５年）は日本全体で年間２１１９名もいた。それが、30年後の１９８５年には年間１０１７名に。そして２０１６年には年間２８９名（そのうち19名は、あとで述《の》べる「津久井《つくい》やまゆり園事件」の犠牲者《ぎせいしゃ》）にまで減少する。

犯罪が減っているのに、治安が悪いような気がすることを「体感治安《たいかんちあん》の悪化」なんて言うけれど、マスコミの報道がそうさせている面もあると思う。たぶん、視聴率《しちょうりつ》や発行部数を稼《かせ》げるからだろう。

たまに凶悪な犯罪が起きると、テレビも雑誌《ざっし》もこぞって、これでもかというくらい、ひとつの事件をくりかえして報じるよね。そうした事件報道に朝から晩《ばん》まで接《せっ》していると、どうしても視聴者や読者は、治安が悪化してきているように思えてしまう。でも、ほんとうのところ、犯罪は減り続けているんだ。

犯罪全体の認知件数は、２００２年には日本全体で約２８５万件もあった。それが２０１７年には約91万件と、この15年間で３分の１以下に減ったんだからね。

一方で、あまり減っていないのが知的障害のある人の犯罪だ。ほとんどが窃盗や無銭飲《むせんいん》食《しょく》、無賃乗車とかの軽い罪。スーパーで売りもののアジフライを一口かじっただけで、実刑判決を受けた人もいる。

僕が思うに、もしかしたら裁判官《さいばんかん》は、「彼らのため」と思って実刑判決を出している面もあるのかもしれない。執行猶予がついて社会の中に戻ると、きっとまたいじめられたり、ホームレス状態《じょうたい》になったりする。だから、緊急避難《きんきゅうひなん》の意味あいで、実刑にするのかもしれない。でも、そんな理由で刑務所に入れられるというのは、おかしな社会なんじゃないだろうか。

犯罪自体は減っているけれど、知的障害のある人が安心して生きていけない社会。そういう意味では、たしかに「ぶっそうなご時世」とも言えるね。

4 「るいはん障害者」ってだれのこと?

三角屋根で親しまれていた木造駅舎《もくぞうえきしゃ》が、またたく間に炎《ほのお》につつまれた。折からの強風にあおられて火は勢《いきお》いを増《ま》し、20メートルもの火柱《ひばしら》が立った。消防車《しょうぼうしゃ》24台が出動し、必死の消火活動をおこなうも、駅舎は完全に燃《も》え落ちる。駅の周辺、約4000平方メートルにもおよぶ大火災《だいかさい》だった。

2006年1月7日に起きた、下関《しものせき》駅放火事件——。

犯人はすぐに逮捕された。福田九右衛門《きゅうえもん》さん、当時74歳。警察では、犯行の理由を「刑務所に戻りたかったから」と供述《きょうじゅつ》していた。

福田さんには軽度の知的障害がある。それまで10回も、放火や放火未遂で捕《つか》まり、成人してからの54年間のうち約50年間は刑務所、あるいは留置場《りゅうちじょう》や拘置所《こうちしょ》（＊4）ですごしていた。下関駅に火をつけたのは、刑務所を出て8日目。彼は、「累犯《るいはん》障害者」の典型のような人だった。

＊4……留置場は、逮捕されて起訴《きそ》されるまでいるところで、警《けい》察署《さつしょ》の中にある。拘置所は起訴後、裁判が終わるまでいるところ。

累犯とは、何度もくりかえし罪を犯すという意味。「累犯障害者」は、僕が書いた本のタイトルにした、いわば造語《ぞうご》で、たびたび罪を犯して刑務所を出たり入ったりしている知的障害者のことだ。刑務所の中では、累犯障害者にあたる人がおおぜい服役している。

一般的に、重い罪を犯した人は懲役20年とか30年とか、一度の刑期《けいき》が長くなる。だから、何度も刑務所に出入りすることは少ない。一方で、くりかえし服役している人は、たいてい刑期が短い、軽い罪なんだ。知的障害がある人の多くは万引きや無銭飲食、無賃乗車といった罪で服役している。

僕は、福田さんが被告人《ひこくにん》（起訴《きそ》された人）として収監《しゅうかん》されていた山口刑務所へ面会に行った。目の前にあらわれたのは、身長150センチ台くらいの小柄《こがら》なおじいちゃん。駅舎を丸ごと燃やしてしまった、凶悪な放火犯とは思えない風貌《ふうぼう》だった。

最初はあまり目も合わせてくれないし、弱々しく愛想《あいそ》笑いをするばかり。そのやせ細ったからだを見て、思わず、「それじゃ、カラサゲまでにモッソウ一杯《いっぱい》食べ終わらないでしょう」と口をついて出た。

刑務所の中のスラング（俗語《ぞくご》）で、「後片《あとかた》づけまでに丼《どんぶり》一杯食べられないでしょう」という意味。僕は服役していたころに覚えた。これに親近感をもったのか、福田さんは問いかけに返事をしてくれるようになった。

「刑務所に戻りたいなら、火をつけるんじゃなくて、食い逃げとかどろぼうとか、ほかにもあるでしょう」

と訊《たず》ねると、右手を顔の前で大きく振《ふ》った。

「だめだめ、そんな悪いことできん！」

「じゃあ、放火は悪いことじゃないんですか」

「悪いこと。でも、火をつけると刑務所に戻れるけん」


みんなが怖がる刑務所に戻りたいなんて、いったいどういうことだろうね？　その理由は、彼の生《お》い立ちを知ればわかってくる。

福田さんは、幼《おさな》いころから父親に虐待《ぎゃくたい》を受けていた。ふだんはおとなしい父親だけど、お酒を飲むと人が変わる。とんでもなく乱暴《らんぼう》になるんだ。「おまえみたいなバカは死ね」と言われながら、燃えさかる薪《たきぎ》を脇腹《わきばら》に押《お》しつけられたこともある。福田さんの脇腹には、いまでも痛々《いたいた》しいヤケドのあとがくっきりと残っている。

近所の子どもたちからもいじめを受け、守ってほしい人には虐待され、居場所《いばしょ》がない。そんな福田さんは、12歳のときに放火未遂を起こした。補導《ほどう》されて、当時の少年教護院《きょうごいん》（現在《げんざい》は児童自立支援施設《じりつしえんしせつ》）に入ったときには「まるで天国のようだ」と感じたという。毎日ご飯は食べられるし、暴力《ぼうりょく》をふるう人はいないからね。ようやく安心できる場所にたどり着いたんだ。

以来、いじめや虐待から逃《のが》れるためには、火をつけるふりをすればいいんだと思いこみ、放火や放火未遂をくりかえすようになった。下関駅放火事件は、その延長線上《えんちょうせんじょう》で起きた。

福田さんの例は、決して特別なケースではないよ。

知的障害のある受刑者は再犯する人が多くて、平均《へいきん》で3・8回の服役を経験《けいけん》している。65歳以上では「5回以上」が約70%もいる。再犯者の約半分は、前の出所から次の事件を起こすまでが1年未満と短い。出所しても、またすぐに罪を犯して刑務所に戻っているんだね。

だって、そうするしかないんだもの。

刑務所を出たってお金はないし、待っている家族もいない。仲間も居場所もないっていう人はおおぜいいる。しかたがないから放浪生活をして、飢《う》えをしのぐために万引きしたり、無銭飲食をしたりして逮捕され、ふたたび刑務所に戻ってくる。

彼らにとって、帰るところは刑務所だけ。刑務所がおうちになっちゃったんだ。

5　障害があるから罪を犯すわけじゃない

誤解《ごかい》しないでほしいことがある。

障害のある人が、罪を犯しやすいわけでは決してない。たしかに、刑務所には障害のある人たちがたくさんいるけれど、障害そのものが直接的《ちょくせつてき》に犯罪を引き起こしているわけじゃないんだ。

いろいろな障害があるけれど、知的障害や発達障害（＊5）の人たちは、どちらかというと犯罪とは縁遠《えんどお》い性格《せいかく》の持ち主だ。ルールや習慣《しゅうかん》に従順《じゅうじゅん》で、他人とのあらそいごとを好まない。だれよりも穏《おだ》やかな性格なんだけど、ちょっとだけ周囲と違うところがある。

＊5…脳《のう》の機能《きのう》の障害のため、コミュニケーションや学習が困難《こんなん》だったり、何かにこだわりすぎたりする状態。

たとえば、自閉《じへい》スペクトラム症《しょう》という発達障害のある人は、人とのコミュニケーションが苦手だったり、かたくなにルールを守ろうとしたりする。周囲からは「空気が読めない」と言われ、いじめの対象になることも多い。子どものころからずっとしいたげられてきて、いやな思い出ばかりかかえているんだ。そのつらさが、なんらかの刺激《しげき》によって表に出て、犯罪に結びついてしまうことがある。

Cさんは、自転車が並《なら》んで通りにくい道で、すれちがった人に「じゃまだな」とつぶやかれた。そのとき、何年も前に学校の先生から言われた「おまえはじゃまだ」という言葉が、急に頭の中をかけめぐった。うわぁ――！と大声をあげ、無我夢中《むがむちゅう》で自転車を何台も投げ飛ばしてしまった。さわぎに気づいた近所の人が110番通報し、かけつけた警察官に交番へ連れていかれた。

暴《あば》れているところだけを見ると、なぜそうなっているのか理解しにくいよね。たんに

「不審者《ふしんしゃ》がいるから近寄《ちかよ》らないようにしよう」と思うかもしれない。だけど、本人からすればちゃんと理由がある。障害を理解されずに、ずっといじめられてきた悲しさが積もり積もって爆発《ばくはつ》した。長いあいだ被害者《ひがいしゃ》として生きていたけれど、ちょっとのことで加害者《かがいしゃ》になってしまったんだ。Cさんだけが悪いわけじゃないよね。

障害の特性《とくせい》で、人を信じやすいために、だまされて犯罪をしてしまうケースもあるよ。

知的障害のある女性Dさんは、ヤクザにだまされて「偽装結婚《ぎそうけっこん》」をさせられた。相手はオーバーステイ（超過滞在《ちょうかたいざい》）の時期がせまっていた外国人。日本での長期滞在資格《ちょうきたいざいしかく》を得るために、ヤクザに仲介《ちゅうかい》してもらってDさんと結婚した。外国人であっても、日本人と結婚すれば、ずっと日本にいられるからね。

役所に婚姻届《こんいんとどけ》は出したものの、実際には同居《どうきょ》すらしていない。うその婚姻届を出したんだから、りっぱな犯罪だ。Dさんは「公正証書原本不実記載等罪《こうせいしょうしょげんぽんふじつきさいとうざい》」で起訴《きそ》された。約3か月も勾留《こうりゅう》されたあげく、裁判では懲役1年2か月、執行猶予3年の有罪《ゆうざい》判決だった。

Dさんは知的障害のため、ひらがなの読み書きもあまりできない。自分の意思で偽装結婚なんて罪を犯しっこない。悪いのは、Dさんをだましたヤクザなんだけど、そもそもどうしてヤクザと知りあいになったんだろう？　それを考えることが大事だよ。

Dさんには、つらくて悲しい過去《かこ》がある。幼いころに両親が離婚して、父親の実家で祖父母《そふぼ》に育てられた。といっても、ほとんど放任《ほうにん》されていたようなもので、中学生のころ父親の弟に山へ連れていかれ、性暴力《せいぼうりょく》を受けた。それが何度も続いた。

中学校を卒業後は、父親と2人暮らしをしたけれど、父親は仕事でほとんど家にいない。友だちもおらず、いつもひとりぼっちだった。そのうちにテレクラ（電話で男女の会話をあっせんする店）にはまるようになった。そこでヤクザと出会い、うまく言いくるめられて、偽装結婚をさせられた。

Cさんも Dさんも、ちゃんと聞けば「なるほど」と思える事情《じじょう》がある。だけど、知的障害があるがゆえに、なかなかうまく説明できない。どうして暴れてしまったのか、なんで偽装結婚に巻《ま》きこまれたのか。その理由を言葉にできないんだ。

裁判のときに、口先だけでも「反省しています」と言えたなら、刑が軽くなることもある。だけど、知的障害や発達障害のある人はそれが言えないことが多い。裁判の張《は》りつめた空気に耐《た》えられなくて、つい笑っちゃったりすることもある。マスコミに言わせたら「不敵《ふてき》な笑《え》みを浮《う》かべた」ってことになるんだけど、わざとそうしているわけじゃない。でも、裁判官に与《あた》える印象は悪くなり、軽い罪でも実刑判決を受ける原因《げんいん》になっているんじゃないか、と僕は思っている。

だけど、考えてもみてよ。「反省の色を示《しめ》す」っていうのは、意外とむずかしいものだ。お金を持っている人だったら、賠償金《ばいしょうきん》とか示談金《じだんきん》をたくさん払《はら》って、反省していることをアピールできる。お金がなくても、坊主頭《ぼうずあたま》にするとか、裁判でひたすら頭を下げるとか、反省を態度《たいど》で示すことができれば、裁判官に与える印象も変わるかもしれない。

でも、知的障害のある人たちには、そういった自分の身を守る術《すべ》がないんだ。周囲からしいたげられたり、だまされたり、利用されたり。そんなときにだれからも守ってもらえず、裁判でもほんとうのことをわかってもらえない。障害があるから罪を犯したというよりは、周囲の理解とサポートが足りなくて犯罪に追いこまれた、っていうのが現実なんだ。

6 塀《へい》の中だって高齢化《こうれいか》

この本を読んでいる君なら、日本が超高齢化《ちょうこうれいか》問題をかかえていることを知っているよね。子どもが減ってお年寄りが増えて、年金や医療費《いりょうひ》がかさんでしょうがないって、いつもニュースで言っているよね。

じつは、刑務所の中にも高齢化の波が押《お》し寄《よ》せている。それも、一般社会よりずっと深《しん》刻《こく》なんだ。

２０１６年に検挙された刑法犯のうち、65歳以上の高齢者は約４万７０００人で、全体の２割を超《こ》えている。これは、20年前の５倍以上。社会全体の高齢者の増え幅《はば》は、ここ20年で２倍弱だから、刑務所の中はもっと猛《もう》スピードで高齢化しているんだよ。日本の犯罪件数は右肩下《みぎかた》がりなのに、高齢者の犯罪はどんどん増えているんだ。

しかも、高齢受刑者は何度も罪をくりかえす場合が多くて、約70％が累犯者《るいはんしゃ》だ。

この話をすると、「そんなに凶悪なお年寄りが増えたのか！」って驚《おどろ》く人がいるけれど、そうじゃない。

高齢受刑者の中には、知的障害や精神障害、身体障害のある人がすごく多い。若《わか》いうちから仕事がなくて生活に困り、万引きをしたり、無銭飲食、無賃乗車をしたりしていた人が、そのまま年をとってきたんだよ。

いまの60歳以上の人が子どもだったころは、特別支援学級があまりなくて、障害があっても普通学級に行くのがめずらしくなかった。１９７９年までは、「就学免除《しゅうがくめんじょ》」といって、障害がある子どもは学校（義務教育）に行かないことも多かった。

ほんとうは人からの手助けが必要なのに、それが行き届かないから、生き延《の》びるために罪を犯してしまうケースがあるんだ。

親が元気なうちは、障害があっても守ってもらえる。だけど、親が亡くなったり、年老いて動けなくなったりすると、とたんに生活に行き詰《づ》まる。そうして、年をとってから犯罪に手を出す人もいる。

障害がなかったとしても、いまの社会が高齢者にとって生きにくいことが、刑務所の高齢化を押し上げている。

高齢者の犯罪は、障害のある人と同じで窃盗（盗み）がいちばん多く、約7割にのぼる。女性に関しては約9割が窃盗だ。障害のある人がそうであるように、高齢者もお金がないがゆえに食べものを万引きしたり、食い逃げしたりして刑務所に来てしまう。

高齢者が孤立《こりつ》しやすい問題も、犯罪につながってしまう要因《よういん》のひとつだ。ひとり暮らしのお年寄りは増える一方だし、働きざかりの人みたいに毎日行くところもないから家の中に閉じこもりやすい。お金に困《こま》っていても、だれにも相談できなくて、万引きなどの罪を犯してしまうんだ。

認知症《にんちしょう》や、その疑《うたが》いがある高齢受刑者もおおぜいいて、60歳以上の受刑者の14％がそれに当たると推計《すいけい》されている。自分で身のまわりのことができない人が多いから、刑務官《けいむかん》や受刑者仲間は、必死に介護《かいご》をしているよ。まるで高齢者施設のように、車いすに乗せたり、お風呂《ふろ》に入れたりしているんだ。

食べものを飲み込みにくい受刑者には、ちゃんとやわらかく調理したり、小さく刻《きざ》んだりした食事が出る。ここ数年は、専門《せんもん》の介護スタッフを配置する刑務所も増えた。

だけど、どんなに介護や治療《ちりょう》をしても、加齢《かれい》や病気

で亡くなる受刑者はいる。刑務所には霊安室《れいあんしつ》があって、受刑者専用《せんよう》の納骨堂《のうこつどう》も全国各地にある。そこに、引き取り手がなくて無縁仏《むえんぼとけ》となった遺骨《いこつ》がたくさん眠《ねむ》っているんだ。

想像してみてほしい。どんな受刑者でも、生まれたときはかわいい赤ちゃんで、一生けんめいに成長してきた。それが、大人になってだれも支《ささ》えてくれない日々をすごし、さらに年をとって生活に困る。やむをえず、万引きや無銭飲食に手を出して刑務所に入れられ、そこで死んでしまう。

だれだって、こういう死にかたを望んだわけじゃない。家族や仲間に囲まれて、惜《お》しまれながら息を引き取りたいと願っていたに違いない。だけど、それを許してくれないのがいまの社会なんだ。

7 刑務所が福祉施設になっちゃった

刑務所に入った受刑者は、ほんとうだったら刑務《けいむ》作業といって、仕事をしなければならない。家具や日用品を作ったり、受刑者の食事を調理したり、刑務所内をそうじしたりするんだ。作業ごとに工場が分かれていて、朝から夕方までは、それぞれの持ち場にいる。ものすごく少ないけれど、給料も出る。

けれども、いくつもある工場の中で、異質《いしつ》なところがある。僕が受刑生活を送った工場がそれだ。

――「寮内《りょうない》工場」。

刑務所によって「養護《ようご》工場」とか「観察《かんさつ》工場」と呼《よ》び名は変わるけれど、中身は同じ。知的障害者や精神障害者、認知症の高齢者や耳や目、手足に障害がある人、ほかにもなんらかの事情で作業ができない人たちが集められている。健康な受刑者とは別に、1か所に隔離《かくり》されているんだ。

ここは刑務所というより、福祉施設みたいな場所。ほかの受刑者たちからは〝塀の中の掃《は》き溜《だ》め〟なんて、ひどいことを言われている。

何か臭《にお》うぞ……と思って振り返ると、そこにはおしっこやうんちをおもらしする人。ほかにも、ずっとブツブツひとりごとを言っている人や、精神病薬《せいしんびょうやく》の飲みすぎで、よだれを垂《た》らしてぼーっとしている人、何かにとりつかれたようにとつぜん踊《おど》り出す人……。

寮内工場ではあたりまえの光景だ。

「おい、おまえ、ちゃんと言うことを聞かないと、刑務所にぶちこまれるぞ！」

「俺《おれ》、刑務所なんて絶対《ぜったい》にいやだ。この施設に置いといてくれ」

受刑者どうしで、こんな会話が日常的《にちじょうてき》にかわされている。悲しいかな、からかわれたほうの受刑者は、自分が刑務所にいることすら理解できていないんだ。

彼らは、刑務所でときどき開かれる音楽会や落語などの慰問《いもん》行事にも参加できない。毎日、閉《と》ざされた空間で、子どもでもできそうな作業をくりかえすのみだ。

たとえば、赤と白のロウソクのかけらを色別に仕分けしたり、両端《りょうはし》を結んであるビニール紐《ひも》をほどいたりする。生産作業というよりは、時間つぶしのような作業だよね。これでも、なかなかはかどらない。周囲を気にせずぐっすり眠っている人、急に立ち上がってウロウロする人、机《つくえ》の下にもぐって出てこない人。みんな障害や病気があるから、作業に集中できないんだ。

やっと作業が終わっても、残念ながらそれが何かの役に立つことはない。「世話係」が裏《うら》に持っていって、ロウソクや紐を元に戻し、また翌日の作業に使うんだ。


その世話係も受刑者で、僕はそのひとりだった。正確《せいかく》には、刑務官の補佐《ほさ》をする「指導《しどう》補助《ほじょ》」という役割だけど、介護ヘルパーのような仕事だと思ってくれればいい。重い病気や障害のある受刑者の食事や入浴《にゅうよく》の手伝い、下《しも》の世話、部屋のそうじなどをする。話し相手になるのも大事な仕事だった。

最初のうちは、彼らの突飛《とっぴ》な行動に「大変な役目を与えられてしまった……」とたじろいだよ。だけど、そのうちに慣《な》れて、「同じ囚人《しゅうじん》」という仲間意識《いしき》がめばえた。

作業中、おしっこをもらした人がいれば、すぐにかけつけて着替《きが》えを手伝いながら、その人の下半身や床《ゆか》をふく。入浴中にお風呂の中でうんちをしてしまった人がいれば、うんちを手ですくって流す。ほかの受刑者は「きたねー！」「くせー！」ってさわぐから、こっちも大急ぎで片づけなくちゃならない。

お風呂から上がってからは、着替えを手伝ったり、薬を塗《ぬ》ったりする。ひどい痔《じ》をわずらっていた受刑者がいて、少しでも肛門《こうもん》にタオルが当たると飛び上がって痛がるから、素手《すで》で直接《ちょくせつ》薬を塗っていたな。

僕が服役してすぐのころ、ひとりの受刑者の部屋を片づけるように刑務官に言われ、行ってみたら驚いた。部屋中がゴミで埋《う》もれ、床はおしっこやうんち、吐《は》いたものにまみれ、畳《たたみ》が腐《くさ》りかけていた。強烈《きょうれつ》な悪臭《あくしゅう》もする。あまりの光景に、立ち尽《つ》くしてしまったよ。その中で本人は、ぽつんとたたずんでいた。部屋にトイレやゴミ箱はあるけれど、うまく使うことができないんだね。

気合いを入れて、ぞうきんとバケツを持ってきてそうじをした。マスクや手袋《てぶくろ》なんかは支給《しきゅう》されないから、もちろん素手だ。爪《つめ》のあいだにうんちが入りこむ。最初は「自分の子どものうんちみたいなもの……」と思うようにしていたけれど、気がついたら慣れていたな。

ここ数年、あちこちの刑務所に、こうした工場が作られている。障害のある受刑者の割合が増えて、「刑務所の福祉施設化」がどんどん進んでいるんだ。

受刑者数が7万人を超《こ》えていた2006年当時、刑務所が1年間に使う医療費は32億円くらいだった。それから10年たって、受刑者数は5万人を切るようになった。ふつうに考えれば、医療費も減るはずだよね。でも違うんだ。逆に医療費は約60億円と、2倍近くに膨《ふく》らんでしまった。その一方で、刑務作業による収入《しゅうにゅう》は減り続けている。つまり、受刑者の総数《そうすう》は少なくなっているけど、お金になる作業ができない、障害者や病気の受刑者が増えたっていうことなんだ。

だけど、重い障害や病気のある人たちは、本来なら福祉に守られているはずだよね。なのに、刑務所に入っているなんて何かがおかしいよね。

僕は国会議員だったころ、偉《えら》そうに「セーフティーネットのさらなる構築《こうちく》によって、安心して暮らせる社会を」なんて論《ろん》じていた。セーフティーネットっていうのは、サーカスの綱《つな》わたりの下に吊《つ》る転落防止《てんらくぼうし》の網《あみ》にたとえて、社会的に困窮した人を救済《きゅうさい》する制度のこと。ところが、日本のセーフティーネットはボロボロの網で、毎日たくさんの人がすきまからこぼれ落ちていた。

困っているのにだれも助けてくれない。罪を犯すことで、ようやく刑務所という網に引っかかり、命びろいした人がたくさんいるんだ。

8 刑務官の子守唄《こもりうた》

「なんでもかんでも、刑務所に押しつければいいってもんじゃないでしょ」

寮内工場の刑務官が、ため息まじりにつぶやいた。

刑務官っていうのは、受刑者をきびしく指導するのが仕事。いつも、いかめしい顔をして立っていて、少しでもルールを破《やぶ》る受刑者がいれば、ただちにかけ寄って「こらー、懲《ちょう》罰《ばつ》だぞー！」なんてどなっている。

多くの刑務官は、「悪いやつらの根性《こんじょう》をたたき直して、まっとうな人間に変えてシャバ（一般社会）に送り返すんだ」と、強い使命感を胸《むね》に刑務官になったと言っている。はじめのうちは、刑務所に対して、一般社会の人と同じようなイメージをもっているんだね。

だから、寮内工場のようなところに配属《はいぞく》されると戸惑《とまど》ってしまう。ここにいるのは障害がある人、病気の人、高齢で歩くのも困難《こんなん》な人たちだからね。「根性をたたき直す」なんて意気込みは空《から》まわりするだけだ。

僕が黒羽刑務所に服役していたころ、「鬼《おに》のエンドウ」と呼ばれる刑務官がいた。刑務官の中でも群《ぐん》を抜《ぬ》いてきびしくて、いつ何時も、受刑者のことを思ってなのか、とにかくよくどなっていた。
それが、寮内工場の担当になったとたん、「仏《ほとけ》

のエンドウ」に変わったんだ。ようは、怒《おこ》ってもしかたないと思ったんだね。受刑者に対する物腰《ものごし》は一変し、優《やさ》しくいたわるように接《せっ》していた。障害のある受刑者が、与えられた作業をできなくても、しかることなく「さあ、できるところまでやってみよう」と励《はげ》ましていた。

ほかの受刑者たちに障害をからかわれそうになると、「仲間なんだから、変なちょっかいは出すな！」と、すかさずあいだに入る。

寮内工場を担当する刑務官のほとんどが、受刑者たちを罰《ばっ》しているというよりは、保護《ほご》している感覚で接していた。「弱肉強食《じゃくにくきょうしょく》のシャバの中で大変だっただろう。ここでは食事も寝床《ねどこ》も与えるし、満期《まんき》までは自分たちが守ってやる」。そんな気持ちでいることが、はた目から見てもよくわかる。

夜中、独房《どくぼう》で泣く受刑者に、刑務官が優しく子守唄を歌うすがたを見たこともある。

ある受刑者は、娘《むすめ》さんが面会に来たのに、「こんなところにいる自分のすがたなんか見せられない。絶対に会いたくない」と意地を張っていた。それでも担当の刑務官は、1時間ぐらいかけて必死に説得していたね。

「いまを逃したら一生後悔《こうかい》するぞ。無理にとは言わないけど、俺の顔に免《めん》じて、ちょっとだけでも会えばいい。ちょっと行って、小窓からのぞくだけでもいいじゃないか」って。

結局、面会に行った彼は、目を泣きはらして戻ってきた。しばらく会っていなくても娘は娘。差し入れにもらったメガネを握《にぎ》りしめて、泣きながら刑務官に「ありがとうございました」って言っていた。

若い刑務官には、しゃくし定規《じょうぎ》に受刑者をどなったりする人もいるけれど、それは受刑者がまだ怖いから。寮内工場にいるのは、暴力をふるいそうもない受刑者なんだけど、「受刑者＝極悪人《ごくあくにん》」というイメージが抜けないみたい。

でも、あるていど年をとって経験を積むと余裕《よゆう》が出てきて、受刑者がどんな人たちなのか、どうやったら心を通じあえるのかがわかるようになってくる。「塀の中の住人どうし」という仲間意識のようなものがめばえてくるんだよね。

刑務所にも秋の運動会があって、障害のある受刑者も出場する。彼らは全競技《ぜんきょうぎ》ダントツのビリだけど、一生けんめいに最後まで走って、倒《たお》れこむようにゴールする。刑務官はみんなで拍手《はくしゅ》して、その中には涙《なみだ》を流す人もいるんだよね。

塀の中は、もしかしたらシャバよりも人情《にんじょう》があるところかもしれない。

9　家族はいるの？　どんな人？

服役中、何より楽しみなのは家族からの手紙だ。シャバに残してきた妻《つま》や夫、両親の近況《きんきょう》や、子どもの成長を知るための唯一《ゆいいつ》の手段《しゅだん》だからね。みんな首を長くして待っている。

ところが、手紙ではない「緑色の紙」が届《とど》くことがある。

そう、離婚届《りこんとどけ》だ。

法務省は毎年、受刑者と家族の関係を調査《ちょうさ》している。2016年は新しく刑務所に入った約2万5000人のうち結婚している人が約4000人。一方で、結婚したことのない人は約8000人、離婚した人も約8000人、死別は約400人だった。だいたい80%の人たちが、配偶者《はいぐうしゃ》（妻や夫）がいないんだ。

しかも、これは入所時点の調査だからね。服役している途中《とちゅう》に、どんどん離婚届が送られてくる。たしかにあやまちを犯したけれど、家族だけは待ってくれている——そう信じて服役している受刑者にとって、何より残酷《ざんこく》な通達だ。

ある受刑者がつくった川柳《せんりゅう》を1句《く》。

——いつまでも　待つわと言いし　我《わ》が妻の　文《ふみ》も途絶《とだ》えて　半年経《た》ちけり

障害や病気がある受刑者でも、家族がいたら生活の世話をしてもらえそうだし、二度と罪を犯さないように支えてもらえそうな気がするよね。家族や、雇《やと》ってくれる職場《しょくば》の人が「身元引受人《みもとひきうけにん》」になってくれれば、「仮釈放《かりしゃくほう》」が認《みと》められることも多い。仮釈放っていうのは、受け入れる人が決まっていることなどを条件《じょうけん》に、刑期の途中で釈放してもらえる制度だ。

だけど、実際にはなかなかそうもいかない。

じつは２００６年、僕もメンバーの一員になって、厚生労働省《こうせいろうどうしょう》の研究事業として「罪を犯した障害者の地域生活支援《ちいきせいかつしえん》に関する研究」という研究班《けんきゅうはん》を立ち上げた。そこで法務省にも協力してもらい、調査をしたんだけど、その結果を示《しめ》してみよう。

２００７年の1年間、出所者全体では57%が仮釈放なのに、知的障害者だけをみると、20%にすぎなかった。65歳以上の高齢者も似《に》たような境遇《きょうぐう》だ。仮釈放になった人は27%しかいない。あとの人たちは、刑期をすべて終える「満期」まで服役することをよぎなくされていた。

高齢になると、妻や夫はすでに亡くなっていて、子どもの世話にもなれないという事情がある。それはまだ「しかたないかな」と思えるかもしれないけれど、家族がいたって、身元引受人になってくれないことはめずらしくない。

あるていどの刑期がすぎて、仮釈放の可能性《かのうせい》が見えてくると、保護司《ほごし》（出所した人の監《かん》督《とく》、アドバイスをする地域のボランティア）が家族のもとを訪問《ほうもん》するんだけど、「二度と会いたくない」とか「もう再婚しています」とか言われることが多いという。

知的障害のある人は、大人になってもお母さんが大好きで、一刻《いっこく》も早くお母さんのもとに帰りたいと思っているのに、「顔も見たくない」とまで言われることがある。

「ずいぶん冷たい家族だ」と思うかもしれない。でも、家族にもそうならざるをえない事情があるんだよ。刑務所に入る前から、いろんなトラブルに巻き込まれて、支えようにも支えきれない人も多いんだ。

よくあるのが、お酒で失敗しちゃっている人。アルコール依存症《いぞんしょう》のようになってしまって、お酒を飲んでは暴れ出し、家族も身の危険《きけん》を感じていたというケースはとても多い。ギャンブル依存症で、いくらお金があっても足りないなんていう人もいた。

家族もヘトヘトで、自分の身を守るためにはかか

わらないしかない、というところまで追いつめられていることが実際にある。

それ以前に、そもそも障害のある受刑者は、貧《まず》しい家庭で育った人がすごく多い。障害があると、どうしても身のまわりの世話に人手がいるよね。ほとんどの場合、その役割を親がになっているから、親は仕事もできない。あっという間に家計は火の車だ。

人はお金がないとイライラするし、攻撃的《こうげきてき》になりやすい。親だけで障害のある子どもの世話をするのは大変で、虐待に発展《はってん》することすらある。ほら、下関駅放火事件を起こしてしまった福田さんも、お酒を飲んだ父親から虐待を受けていたよね。そんな話はたくさんあるんだ。

いちばん愛してほしい人、信頼《しんらい》したい人から虐待を受けたら、だれのことも信じられなくなるよね。社会そのものに不信感を抱《いだ》くことになる。貧しい家庭で育った障害者が全員そうとは言わないけれど、お金がなくて、信頼できる人もいない、その結果として犯罪に結びつく人がいる。悲しいけれど、それが日本の現状《げんじょう》なんだ。

10 刑務所を出ても、行くあてがない

「山本さん、俺たち障害者は生まれたときから罰を受けているようなもんだ。だから、罰を受ける場所はどこだっていいや。また刑務所の中ですごしてもいい」

まもなく満期出所しようとしているEさんがそう言った。彼は身寄りがなくて、出所後の仕事も決まっていない。

「俺ね、これまで生きてきたなかで、ここがいちばん暮らしやすかった」

そんなことを真顔で言う。彼にとって一般社会は、刑務所よりも不自由で、いごこちが悪いところなんだ。

多くの受刑者は、1日も早く刑務所を出たいと願っているし、仮釈放をめざしてきびしい処遇《しょぐう》に耐えている。だけど、寮内工場で出会った障害のある人たちは違う。

「シャバに出るのが怖い」

そんな話を、何人もから聞かされた。

2016年は9600人くらいの人が刑務所を満期出所したけれど、その半数以上は行くあてがないまま社会に出されている。社会福祉施設に行くことが決まっている人は、たった4%。出所者を一定期間、保護してくれる「更生保護施設《こうせいほごしせつ》」に行く人も、同じく4%しかいない。

お金だって持っていない。服役中に刑務作業をした人は、作業報奨金《ほうしょうきん》といって給料をもらえるけれど、これがとんでもなく安い。時給にすれば、いちばんよくても40円くらい。障害や病気があって作業ができなければ、無一文《むいちもん》で社会に放り出される。

だから出所と同時に、寝《ね》る場所もなく、ご飯も食べられなくなってしまう。ある受刑者は「だいじょうぶ、また万引きをして刑務所に戻るから」なんて言って笑っていたけれど、笑いごとじゃなく、そうでもしないと餓死《がし》してしまう。

出所後は仕事がないことも、再犯《さいはん》してしまう原因《げんいん》だ。

仕事は、お金を得るためだけじゃなく、人と知りあったり、つながり続けたりするためにも大事なものだ。仕事がないと孤立しがちで、困ったことがあってもだれにも相談できない。それに、仕事は自分の「出番」でもある。人は、自分の出番があるから目標をもって生きられるし、だれかに必要とされているという自信もつく。

けれども、仕事がなくて昼間も何もすることがないと、「どうせ自分は必要のない人間だ……」と世の中を悲観したくもなる。もうどうにでもなれ！と自暴自棄《じぼうじき》になって、ふたたび罪を犯しちゃう人もいる。再犯者の約7割は無職《むしょく》なんだよ。

家族もいなくて家もない、お金もない。そんな、ないないづくしの状態は長く続けられない。満期出所者の半数《はんすう》近くは、5年以内に再犯をして刑務所に戻ってきている。だって、そうするしか身の安全を確保《かくほ》できないんだもの。

再犯せずにいる人たちだって、まともな暮らしをしているとはかぎらない。やむをえず路上生活を続けたり、ヤクザの世界に足を踏《ふ》み入れたり、最悪の場合は自殺しちゃう人もいる。

法務省は、出所後2年以内にふたたび刑務所に戻ってしまう「再入所率」を2022年までに2割削減《さくげん》させることを目標に、いろいろな支援を始めている。出所した人の住む場所を世話するほか、福祉につなげたり、仕事につなげたりしようとしているんだ。

僕は、きっと目標は達成できると思っているよ。

だけど、そのためには社会の側が変わらなくちゃ。刑務所を出た人が、ちゃんと人間らしい暮らしができるように、みんなで支えなくちゃならないよね。

視力《しりょく》が弱い人は、めがねをかける。足の不自由な人は杖《つえ》をつく。そうやって、人それぞれが自分の弱いところを補《おぎな》っている。障害があって罪を犯しちゃった人も、ある意味で同じなんだ。彼らが困らないように、もう犯罪をせずにすむように、人という支えが必要だ。そう、社会全体で支えていくことが欠かせないんだよ。

第2章

司法は僕《ぼく》らを守ってくれないの？

1　その「調書《ちょうしょ》」、うそだって気づいて裁判官《さいばんかん》！

「被告人《ひこくにん》は前へ。本名と生年月日は？」

裁判で、罪《つみ》に問われた被告人が最初に聞かれる「人《にん》定質問《ていしつもん》」だ。重い知的障害《ちてきしょうがい》のある被告人は、この人定質問に答えられないことがある。

ワーッ、ワーッとさわいだり、関係のないことをえんえんとしゃべったり、聞かれたことにオウム返ししかできない場合も多い。裁判官のほうに、ちょこちょこ近づいて「その黒いマント、かっこいいね！」ってうれしそうに言う人もいる。

しろうと目にも、ハンディキャップがありそうに見える。こんなとき、裁判官はどんな反応《はんのう》をすると思

う？

僕《ぼく》が知的障害のある被告人の裁判を何度となく傍聴《ぼうちょう》してきたところ、若《わか》い裁判官は一瞬《いっしゅん》ギョッとした顔をするね。だけど、すぐに気を取り直して、形式どおりに裁判を進めることが多い。

ちょっと経験《けいけん》を積んだ裁判官になると、まったく意に介《かい》さないように見える。「被告人とはこういう人だ」って思いこんでいるのかもしれない。たとえ被告人とコミュニケーションがとれなくても、「供述調書《きょうじゅつちょうしょ》」の内容《ないよう》と、検察官《けんさつかん》や弁護士《べんごし》の発言にもとづいて、たんたんとふだんどおりの判決《はんけつ》をくだす。

供述調書っていうのは、警察《けいさつ》や検察（＊1）の取り調べで被告人が話したことを記録した書類で、裁判の重要な証拠《しょうこ》だ。

＊1…逮捕《たいほ》された人がほんとうに犯人《はんにん》かどうか確《たし》かめ、裁判にかけるかどうかを決めるところ。

子どもに接《せっ》するような態度《たいど》をとる裁判官も、たまにいる。

「君は、また刑務所《けいむしょ》に行くかい？」

「はい！」

「もう少し待ってね。裁判が終わるまで」

なんてやりとりをしながら、やっぱり形式どおりの判決を出すんだ。

残念なことだけど、裁判官の知的障害に関する理解《りかい》は決して十分とはいえない。真顔で「その障害って、薬で治らないの？」「いつから知的障害になったの？」なんて、とんでもない質問《しつもん》をしてくる裁判官もいる。

仮《かり》に供述調書の内容が事実と違《ちが》っていても、気づいてくれる裁判官は少ない。供述調書には、もっともらしいストーリーが書かれているからね。たとえば「私《わたし》は店員に怒りを覚え、強固《きょうこ》な犯意《はんい》を持って、コンビニエンスストアで弁当《べんとう》1点を盗《ぬす》む計画を企《くわだ》てた」とか、いかにも法廷《ほうてい》用語といった言葉が並び、裁判官が納得《なっとく》しやすい内容《ないよう》になっている。

でも、被告人に知的障害があることをふまえて読めば、「ほんとうにこの人が自分で言った言葉なのだろうか？」と不自然に感じるほど、話の筋道《すじみち》が通りすぎた供述調書がよくある。

知的障害のある人は、自分の気持ちを言葉で表現《ひょうげん》するのが苦手で、他人の意見に同調しやすい特性《とくせい》がある。実際《じっさい》には、おなかをすかせて弁当を万引《まんび》きし、店員を振《ふ》り切ったときにからだが当たってケガをさせたのだとしても、警察や検察に「最初から暴力《ぼうりょく》をふるって盗む計画だったんだろう!」と言われると、おびえて「はい、そうです」と答えかねない。それが供述調書に書かれると、強盗傷害罪《ごうとうしょうがいざい》に問われるかもしれない。法律上《ほうりつじょう》、物を盗んだときに、相手がかすり傷《きず》でも負うと強盗傷害罪になる可能性《かのうせい》があるからね。たんに物を盗んだ窃盗罪《せっとうざい》より、うんと刑罰《けいばつ》が重い。

前にも言ったように、知的障害者の犯罪《はんざい》は、罪名《ざいめい》と実際にしたことのギャップが大きい傾向《けいこう》がある。車にあった30円を盗んだ「窃盗罪」とか、知りあいとケンカして、つい手に持った刃物《はもの》が相手の首にちょっとふれて「殺人未遂罪《さつじんみすいざい》」とか、罪名を聞いて想像《そうぞう》するより被害《ひがい》が小さいことが多い。

日本の司法制度《しほうせいど》には、被告人の知的障害に配慮《はいりょ》するしくみがないことが、関係しているんじゃないかな。

アメリカには、知的障害のある被告人のための特別な制度がある。IQ（知能指数）が50以下の被告人は「アンフィット」といって、ふつうの裁判を受けられる状態《じょうたい》ではない人と判断《はんだん》される。知的障害についてよく理解した裁判官、検察官、弁護士のもと、裁判を受けることになる。要は、被告人の障害特性を考慮《こうりょ》して刑を決めるんだ。イギリスやオーストラリアでも、同じような制度があるよ。

知的障害者の場合、しっかり支《ささ》えてくれる家族がいたり、身元引受先《みもとひきうけさき》になる福祉施設《ふくししせつ》が決まっていたりすれば、刑務所に行かずにすむことが多い。必要なケアを受けながら、社会の中で更生《こうせい》するというわけだ。

最近は日本でも一部の裁判官が、そうした視点《してん》で判決を出しているみたいだけれど、国としての制度ではない。ほかの先進国と比《くら》べて、日本の司法制度は遅《おく》れているといわざるをえないんだ。

2 「責任能力《せきにんのうりょく》」ってなんだろう

僕もかつては、重い知的障害のある人は、刑務所で服役《ふくえき》することはないだろうと思っていた。「責任能力なし」ということで、罪《つみ》を問われないだろうと。責任能力というのは、自分が犯《おか》した罪の意味を理解し、刑罰を受けて責任をとる能力のこと。知的障害が重ければ、その能力がとぼしいために、刑務所には入れられないはずだと思っていたんだ。

ところが、刑務所の中には、自分がどこにいるかもわからないほど重い知的障害の人がおおぜいいた。刑務官も「いったい、どんな裁判を経《へ》てここへ来たのか?」と首をひねっていた。

この疑問《ぎもん》の答えを握《にぎ》っているのが、「刑法第39条《けいほうだい39じょう》」だ。

刑法第39条

1　心神喪失者《しんしんそうしつしゃ》の行為《こうい》は、罰《ばっ》しない。

2　心神耗弱者《しんしんこうじゃくしゃ》の行為は、その刑を減軽《げんけい》する。

心神喪失というのは、善悪《ぜんあく》の判断《はんだん》がまったくできなくて、自分で自分の行動をコントロールできない精神状態《せいしんじょうたい》のこと。心神耗弱は、心神喪失ほどじゃないけれど、善悪の判断がつきにくい精神状態をさす。

これだけを読めば、重い知的障害のある人は無罪になるか、刑が軽くなる（減刑《げんけい》）ように思うよね。だけど実際にそうなるのは、ごく一部の人にかぎられている。

2016年には、裁判にかけられてから心神喪失が認められ、無罪になった被告人は5人だった。逮捕されたけれど、心神喪失や心神耗弱のために不起訴《ふきそ》になった人（裁判にかけられなかった人）は507人。同じ年に、不起訴になった人は全部で約16万人いるけれど、そのうちの0・3％でしかない。

どうしてこんなに少ないかというと、2005年に施行《しこう》された「心神喪失者等医療観察《いりょうかんさつ》制度」が関係している。

心神喪失の人が「重大な罪」を犯して不起訴や無罪になったときは、刑務所で刑罰を受けるのではなく、病院で入院治療《ちりょう》を受けさせるという制度だ。ここでいう「重大な罪」は、殺人、放火、強盗、強制性交等《きょうせいせいこうとう》、強制わいせつ、傷害《しょうがい》にかぎられている。これらの犯罪は、もともと発生件数《けんすう》が少ないから、心神喪失や心神耗弱を理由に無罪や減刑になる人が少ないんだ。

ほかの犯罪に関しては、知的障害があっても、ふつうに裁《さば》かれて刑罰を受ける。知的障害者の犯罪は、たいていが窃盗や無銭飲食《むせんいんしょく》・無賃乗車《むちんじょうしゃ》などの軽い罪だよね。障害があるがゆえに、裁判のことを理解できないとしても、それで無罪や減刑になることは少ない。

つまり、いまの制度では、同じように重い知的障害のある人でも、万引きをしたら刑務所に入れられ、殺人をしたら社会の側にいられる、ということが起こりうるんだ。

変な話だよね。「責任能力」ってなんだろう？　って疑問に思えてくる。

そもそも、心神喪失や心神耗弱かどうかを判定する「精神鑑定《せいしんかんてい》」にも問題がひそんでいる。精神鑑定には、お手軽な「簡易鑑定《かんい》」と、何か月間もかけて、しっかり鑑定する「本《ほん》鑑定《かんてい》」がある。どちらも検察官に依頼《いらい》された医師《いし》（鑑定医）がおこなうことがほとんどだ。軽い罪でも、犯罪をくりかえす累犯者《るいはんしゃ》だったり、明らかに知的障害や精神障害のある被告人だったりすれば、起訴される前に簡易鑑定を受けることがある。だけどこれは、検察庁のおかかえの鑑定医が1~2時間くらいの問診《もんしん》をして、ざっと資料《しりょう》を読むだけ。往々《おうおう》にして「責任能力あり」を前提《ぜんてい》として鑑定される。

鑑定医の数はほんとうに少なくて、いつも人手不足。あまり手間をかけずに、パパッと終わらせたいんだろうね。

重大な事件なら、裁判の途中《とちゅう》で弁護士《べんごし》が「本鑑定をすべき」と主張《しゅちょう》して、しっかり鑑定を受けることもあるけれど、非常《ひじょう》にまれなケースだ。知的障害者の被告人によくある、カップ酒を1本盗んだような軽い罪は、弁護士もそこまでやらない。

こうして、重い知的障害者でも「責任能力がある人」として裁判を受けるから、被告人席で笑ったり、聞いたことに答えなかったりすると、「反省していない」とみなされ、刑が重くなることもありうる。いまの司法制度で、知的障害のある人を裁くのは、ちょっと無理があるんだ。

3 弁護士だって仕事を選ぶ

検察官や裁判官が知的障害に理解がなくても、弁護士がちゃんと味方をしてくれたら、状況《じょうきょう》は変わるかもしれない。「刑法第39条」を盾《たて》に、被告人に責任能力があるのかどうかをあらそったら、いまのように重い知的障害の人が、おおぜい刑務所に入らずにすむかもしれないよね。

しかしながら、そうした弁護士はきわめてまれだ。なぜって？　知的障害者の軽い罪を一生けんめいに弁護しても、弁護士が得られる報酬《ほうしゅう》はあまりにも安く、手間ばかりがかかるから。

まず、弁護士には「私選弁護士《しせん》」と「国選弁護士《こくせん》」があることを覚えておこう。私選弁護士は、被告人本人や家族などが、お金を払《はら》って雇《やと》った弁護士だ。報酬額《ほうしゅうがく》はそれぞれの弁護士が独自《どくじ》に決めているけれど、だいたい依頼時《いらいじ》にかかる着手金《ちゃくしゅきん》が30万円前後、執行猶予《しっこうゆうよ》つきの判決を勝ち取ったときの成功報酬が30万~50万円くらいというのが相場だ。結果がよければ報酬が上がるわけだから、私選弁護士は、できうるかぎりの手をつくすよ。その犯行には同情《どうじょう》の余地《よち》があることを証言《しょうげん》してくれる「情状証人《じょうじょうしょうにん》」を探《さが》してきたり、被告人が拘置所《こうちしょ》を出たあとの生活設計《せっけい》まで考えてくれたりもする。そうやって、裁判官が執行猶予をつけたくなるような材料をそろえるんだ。

一方の国選弁護士は、お金がなくて弁護士を雇えない被告人のために、国が費用を負担《ふたん》して派遣《はけん》する弁護士。刑務所の寮内工場《りょうないこうじょう》（養護《ようご》工場）に来るような被告人は、ほとんどが国選弁護士に弁護をしてもらっている。

困ったことに、国選弁護士は必要最低限《さいていげん》の弁護しかしないとよく言われる。国が国選弁護士に支払《しはら》う報酬は、1時間前後の裁判で8万円くらい。執行猶予がついたって、報酬が上がるわけでもない（法テラス「国選弁護報酬基準《きじゅん》の概要《がいよう》」）。私選弁護士に比《くら》べると、どうしてもやる気が起きにくいしくみになっている。

そもそも、知的障害のある被告人は身元引受人がいないことが多くて、執行猶予つきの判決はほぼ無理だ。仮に、責任能力の有無《うむ》を裁判であらそおうとすれば、弁護士が自腹《じばら》を切って精神鑑定を依頼することになるだろう。裁判官は、軽い罪に、税金《ぜいきん》で精神鑑定をかけることを認《みと》めないからね。

弁護士としても「この被告人なら、刑務所に行くことになっても怒りはしないだろう」と、なかば見放《みはな》した気持ちで、なおざりな弁護をすることが多いように思う。

ただ、まれに熱心な国選弁護士もいる。たとえば、こんな話があるよ。

被告人は50代の男性《だんせい》。スーパーで何時間も女子トイレにこもっているから、チカンだと思われて逮捕された。過去《かこ》にも同じことをしていて、その時点で3回目の逮捕だった。

たまたま、国選弁護士として派遣された弁護士が「このまま裁判を進めてはいけない」と思って、自分で費用を負担して精神鑑定を受けさせた。その結果、被告人には重度の知的障害があることがわかった。なんでも、母子家庭で育って、中学生くらいのときにお母さんを亡《な》くし、以来、トイレのサニタリーボックス（汚物《おぶつ》入れ）がお母さんだと感じるようになったらしい。そばにいると安心するみたいだね。

さらにその弁護士は、身元引受人になってくれる福祉施設を見つけて、重度知的障害であることを証言してくれる人も連れてきた。判決は、3回目の犯行だから執行猶予こそつかなかったけれど、短期間の懲役刑《ちょうえきけい》ですんだ。

じつは、その弁護士には、知的障害のある弟さんがいる。損得勘定《そんとくかんじょう》を度外視《どがいし》して弁護をしたのは、このケースを通じて「知的障害のある被告人には配慮《はいりょ》が必要だ」ということを世の中に伝えたかったんだ。

地域《ちいき》によっては、弁護士会（すべての弁護士が所属《しょぞく》する団体《だんたい》）として被告人の知的障害に配慮しているところもある。埼玉県《さいたまけん》弁護士会では、弁護士どうしでお金を出しあって基金《ききん》を作った。被告人に障害があることを法廷《ほうてい》で証言してくれたり、社会の中での更生の方法を助言してくれたりした人には、その基金から報酬を払うんだ。こうした動きが、もっと広がるといいよね。

検察は国の組織《そしき》だから、やろうと思えばいつでも税金で捜査《そうさ》や精神鑑定ができるけれど、弁護士はそうじゃない。自分で弁護士事務所《じむしょ》を経営《けいえい》するか、そういう事務所に雇われている弁護士がふつうだ。つまり、中小企業《ちゅうしょうきぎょう》の社長か従業員《じゅうぎょういん》みたいなものだから、経営のことを考えると、報酬の安い仕事はできないのかもしれない。

でも、社会全体として「刑務所の中に障害のある人がおおぜいいる」って認識《にんしき》するようになれば、弁護士の活動も変わるかもしれない。僕はそこに期待をよせている。

4 医療《いりょう》刑務所は高嶺《たかね》の花

日本には、4か所の「医療刑務所」がある。

国際法務総合《こくさいほうむそうごう》センター（東京都）、大阪《おおさか》医療刑務所（大阪府）、岡崎《おかざき》医療刑務所（愛知県）、北九州医療刑務所（福岡《ふくおか》県）だ。内科や外科《げか》、整形外科、精神科などの診療科《しんりょうか》が備《そな》わっていて、心やからだに病気がある受刑者の治療《ちりょう》にあたっている。

医療刑務所に入った受刑者は、ふつうの刑務作業をおこなわず、薬を飲んだり手術《しゅじゅつ》を受けたりと治療に専念《せんねん》する。なかでも岡崎医療刑務所と北九州医療刑務所は、おもに精神障害のある人を対象にしたところだから、精神の安定をはかる治療として植物を育てたり、陶芸《とうげい》をしたりしているよ。いずれも医療費《いりょうひ》は100％国の負担《ふたん》だ（歯科は自己負担《じこふたん》）。

以前の僕は、万が一、重い知的障害のある人が服役するとしたら、行き先は医療刑務所だと思っていた。罪を犯したとはいえ、障害があるのだから、しかるべきケアを受けているだろうって。だから、自分が一般刑務所に服役して、おおぜいの知的障害者と出会ったことに驚《おどろ》いた。どうして彼《かれ》らがここに？　ってね。

あとからわかったことだけれど、日本の医療刑務所は、そう簡単《かんたん》には入ることができない。からだの病気でいえば、がんや心臓疾患《しんぞうしっかん》、脳血管疾患《のうけっかん》などの重い病気で、ふつうに立ったり座《すわ》ったりすることがぜんぜんできない人。心の病気なら、意思疎通《いしそつう》ができないほど重度の精神疾患とか、薬物依存症《いぞんしょう》とかの人が、医療刑務所で治療を受けられる。

医療刑務所に入るほどではないけれど、からだに不具合のある受刑者は「医療重点刑務所」に服役する。だけど、これも全国に6か所しかない。

会話ができるくらいの軽度の知的障害じゃ、とうていどちらにも入れず、一般刑務所に服役することになる。医療刑務所は〝高嶺の花〟なんだ。

一般刑務所の受刑者が体調を崩《くず》したときは、所内にある医務室で手当てを受ける。ここにも医師（矯正医官《きょうせいいかん》）や看護師《かんごし》、薬剤師《やくざいし》がいる。ただ、十分な医療を提供《ていきょう》されているかというと、ちょっと微妙《びみょう》だ。

一生けんめいやってくれる医師もいるけれど、なかには、ろくに診察《しんさつ》もせずに大量の薬を出すだけの医師もいる。それに、医務室は基本的《きほんてき》に平日しか開いていない。休みの日に体調が悪くなった場合、よほど緊急性《きんきゅうせい》が高ければ外の病院に搬送《はんそう》されるけれど、ちょっとおなかが痛《いた》いとか、ケガをしたくらいじゃ、ほとんど対応《たいおう》してもらえない。

おそらく、刑務所が慢性的《まんせいてき》な医師不足であることが関係している。医師にとって刑務所は、民間の病院より給料が安いし、最新の医療機器がないからスキルアップもむずかしい。「犯罪者《はんざいしゃ》の治療をするなんて怖《こわ》い」っていう気持ちだって、ないわけじゃない。

それに、病院だったら医師がいちばん偉《えら》くて、周囲は「先生、先生」ってうやまってくれるけれど、刑務所では医師より刑務官のほうが権限《けんげん》が強い。診察室にも刑務官が張《は》りついていて、「どうせ仮病《けびょう》ですから」とか口出しをしてくることもある。これで医師のプライドが傷《きず》ついちゃうんだな。だから、刑務所の医務室は、医学部の先輩《せんぱい》なんかに頼《たの》まれて、しぶしぶ働いている医師が少なくない。

ある刑務所では、受刑者が診察を希望していても、めったに医師の診察を受けられないことが問題になった。いちおう看護師が体調をチェックしたみたいだけれど、それがちゃんと医師に伝わっていたかも疑《うたが》わしい。

また別の刑務所では、受刑者に飲ませる薬を、刑務官がまちがえて手渡《てわた》す事故《じこ》が10回以上もくりかえされている。

受刑者は、おちおち病気にもなっていられないんだ。

5 法務省《ほうむしょう》も満期出所後は追えない

服役中に大きなトラブルを起こさず、身元引受人がいる受刑者は、ほとんどの場合、刑の途中で仮釈放《かりしゃくほう》になる。だいたい刑期《けいき》の3分の2がすぎると、地方更生保護委員会（＊2）

の面接《めんせつ》があって、「反省している」と言えば、よほど問題がないかぎりは認められる。僕自身、懲役1年6か月の判決で、1年2か月くらいがたったころに仮釈放された。

＊2…受刑者の仮釈放の可否《かひ》を最終的《さいしゅうてき》に判断《はんだん》するところ。

多くの人は、仮釈放って聞くと「自由の身になるんだろう」と思うんじゃないかな？そうだとしたら誤解《ごかい》だ。たしかに刑務所の外には出られるけれど、決して自由ではない。仮釈放は「受刑者としての社会内処遇《しょぐう》」、つまり社会の中で更生するように指導《しどう》・監督《かんとく》を受ける期間なんだ。

仮釈放中の受刑者は、刑期が終わるまで「保護観察《ほごかんさつ》」の対象になっている。保護観察っていうのは、法務省の機関である保護観察所やボランティアの保護司のところに定期的《ていきてき》に足を運び、暮《く》らしぶりを報告したり、更生するための指導を受けたりするしくみのこと。保護司からは、「仕事に就《つ》くために週3回、ハローワークに行きなさい」などと、細かい指示を受ける。働きだしたとしても、「給料の明細書を見せなさい」とか言われたら、そのとおりに従《したが》わなくてはならない。交友関係や旅行を制限《せいげん》されたりと、きびしい指導もあるけれど、社会に戻《もど》るために必要なことだ。

覚《かく》せい剤取締法違反《ざいとりしまりほういはん》で服役していた人なら、定期的に尿検査《にょうけんさ》をすることが義務《ぎむ》づけられる。刑務所を出て、薬物を手に入れられる環境《かんきょう》に身を置きながら、薬物をがまんできるようにトレーニングするんだ。がまんできた期間が長くなれば、「クスリから足を洗《あら》える」って自信もつくよね。

もしも仮釈放中に違法行為《いほうこうい》をしたり、保護観察所の命令を破《やぶ》ったりすれば、刑務所にUターンだ。そうやって自由と不自由のあいだで、受刑者は社会性を取り戻していく。


だって、出所後は、社会に慣《な》れるまでけっこう大変だからね。僕自身の経験《けいけん》でいうと、服役する前はあたりまえにできたことができなくなっていた。まず、駅で向こうから歩いてくる人がいると立ち止まってしまう。刑務所の中ではいつも、イッチニ、イッチニの号令に従って整然と行進しながら歩いていたからね。その習慣《しゅうかん》がなかなか抜《ぬ》けない。自由に歩いている人を前にすると、戸惑《とまど》っちゃうんだ。

それに、毎日のように刑務官にどなられていたから、「自分は悪い人間なんだ」とネガティブな気持ちが染《し》みついていて、1年近くは家からほとんど出られなかった。

刑務所生活が長ければ長いほど、社会性は失われる。だから、一定の期間は社会の中で指導・監督を受け、少しずつからだを慣らしていこう、というのが仮釈放の目的だ。

じゃあ、仮釈放にならず、刑期いっぱいまで刑務所にいて満期出所した場合はどうなるか？

法律上《ほうりつじょう》はもう受刑者ではなく、完全に自由の身だ。法務省といえども、まったくかかわることができない。保護観察所や保護司にあれこれ言われない半面、なにかに困《こま》っていたとしても、すぐに行政《ぎょうせい》が手をさしのべることができないんだ。住むところがなくてホームレス状態《じょうたい》になっていても、再犯《さいはん》しそうになっていても、本人が自分の意思で行政に相談するまで、まったく助けがおよばない。

前にもいったように、知的障害のある受刑者の多くは、出所後も身元引受人がいなくて、所持金も少ない。だれかの助けなしに生活していくことがむずかしくて、つい万引きをしたり無銭飲食をしたりと、再犯に手を染《そ》めてしまいやすい。

２００９年からは、僕たちの研究班《けんきゅうはん》「罪を犯した障害者の地域生活支援に関する研究」の提言《ていげん》が受け入れられ、法務省と厚生労働省《こうせいろうどうしょう》が連携《れんけい》して、行き場のない出所者を福祉の人たちにつなぐ「特別調整」という制度が始まった。けれども、まだ十分に機能《きのう》していない状況《じょうきょう》にある。詳《くわ》しくは第3章で話すけれど、出所者自身が、福祉の世話になるのをいやがるんだ。

皮肉《ひにく》な話だけれど、満期出所するような人ほど、ほんとうは「受刑者としての社会内処遇」が必要なのに、国の制度はまだまだ追いついていない。

第3章

とても優《やさ》しくて、少し鈍感《どんかん》な福祉《ふくし》の世界

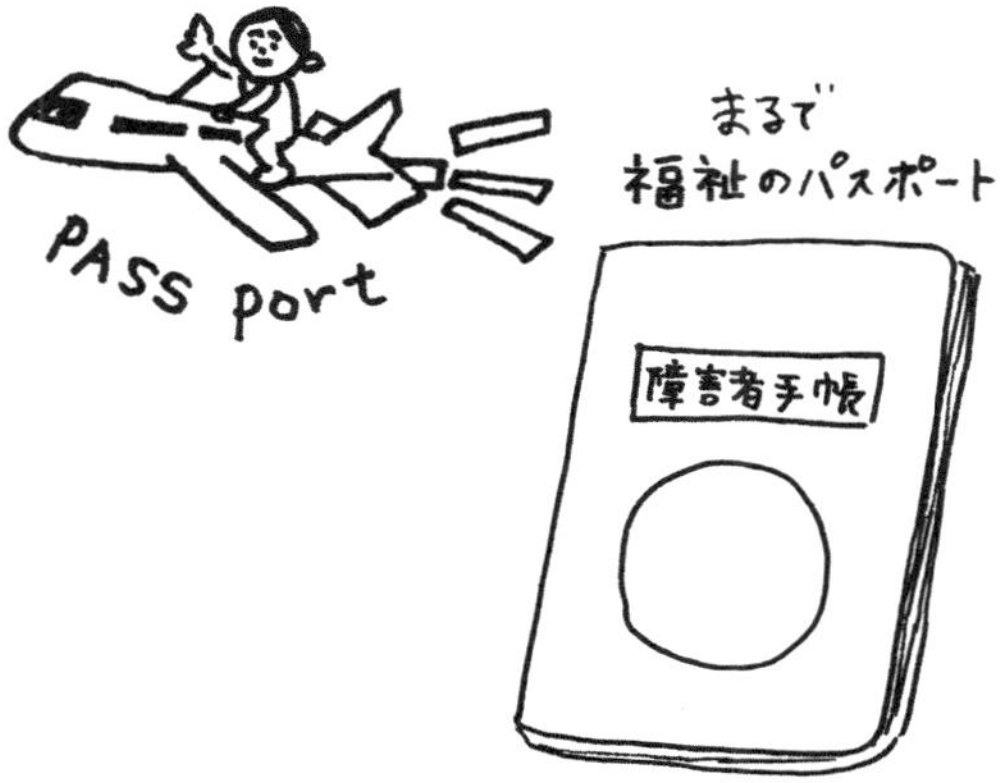

1 「障害者手帳《しょうがいしゃてちょう》」は福祉《ふくし》のパスポート

僕《ぼく》が累犯《るいはん》障害者の問題について本を書いたとき、福祉の関係者たちは口をそろえて言った。

「加害者《かがいしゃ》になる知的障害者のことを取り上げるより、被害者《ひがいしゃ》になる知的障害者の問題のほうが先でしょう」

どうやら、同じ知的障害者でも、罪《つみ》を犯《おか》した人だけピーッと線引きをして、自分たちが支援《しえん》する対象じゃないとみなしていたみたい。「不良障害者」なんて、ひどい言いかたをする人もいた。重度の知的障害者が無実の罪を着せられた「宇都宮事件《うつのみやじけん》」（2008年）は、福祉関係者が怒《おこ》って裁判所《さいばんしょ》に押《お》しかけるかと思ったら、拍子抜《ひょうしぬ》け。ひとりもいなかった。

「罪を犯した知的障害者のことは、司法の担当《たんとう》でしょう」

これが、多くの福祉関係者の見解《けんかい》だったように思う。

だけど、ほんとうにそうなのかな？　くりかえすけれど、罪を犯した知的障害者は加害者になる前に、長いあいだ被害者として生きてきた人が多い。身寄《みよ》りがなく、お金もなく、だれの助けもないなかで、やむにやまれず無銭飲食《むせんいんしょく》や無賃乗車《むちんじょうしゃ》などをしてしまった。罪を犯さざるをえないほど困《こま》っている人たちなんだから、本質的《ほんしつてき》には福祉の問題だと僕は思う。

知的障害者の犯罪の背景《はいけい》に何があるかを突《つ》き詰《つ》めると、福祉に足りないことがどんどん見えてくる。

いちばん問題なのは、「知的障害」を定義《ていぎ》する国の基準《きじゅん》がないことだ。

わが国の障害者福祉は、「手帳制度《せいど》」をとっている。手帳っていっても、スケジュールを管理するものじゃないよ。〝福祉のパスポート〟みたいなもので、障害者が福祉サービスを受けるときに、かならず必要になってくる。これがなければ基本的に、公的な障害者福祉のサービスは受けられない。生活保護《せいかつほご》にも結びつきにくいし、医療費《いりょうひ》の扶助《ふじょ》もダメ。

バスや電車の運賃割引《うんちんわりびき》もしてもらえない。手帳があるとないとでは、障害のある人の暮《く》らしぶりはぜんぜん違《ちが》う。

ところが、そんなに重要なものにもかかわらず、国ではなく自治体（おもに都道府県。一部地域《ちいき》は市）が発行している。

手帳制度には3種類あって、身体障害のある人は「身体障害者手帳」、知的障害のある人は「療育《りょういく》手帳」、精神障害《せいしんしょうがい》のある人は「精神障害者手帳」をもらうことになる。

このうち療育手帳は、とくに課題が山積している。まず、自治体によって名称《めいしょう》が違うところがある。東京都は「愛の手帳」、埼玉県《さいたまけん》は「緑の手帳」、名古屋市では「愛護《あいご》手帳」というように。だから、東京都の愛の手帳を持って埼玉県に行っても、「何ですかこれ？」となりかねない。

療育手帳は、判定基準《はんていきじゅん》も自治体によってバラバラ。障害程度《ていど》の区分もまちまちだ。知的障害の重さによってA1、A2、B1、B2のところもあれば、1度、2度、3度、4度のところもある。障害者と認《みと》めるのかどうか、それにその重い・軽いまでも、自治体が独《どく》自《じ》に決めているんだ。

　ある自治体では、ＩＱ75の軽度知的障害者にも療育手帳を交付するのに、ほかの自治体ではＩＱ70以下じゃなきゃダメだったりする。たまたま住んでいる自治体がどんな基準にしているかによって、福祉サービスを受けられないことがあるんだ。

　全国的にみると、東京都とか、財政《ざいせい》が豊《ゆた》かな自治体は比較的《ひかくてき》基準がゆるやかで、財政が苦しい自治体ほど基準がきびしい傾向《けいこう》がある。療育手帳を利用する人が多いと、お金がかかるからね。福祉予算がパンクしないように、自治体が知的障害者の数を絞《しぼ》りこんでいるとさえ思えてしまう。ほんとうは知的障害があるのに療育手帳をもらえない人が、ものすごく多いんだ。


　だから、日本は障害者の人数が異様《いよう》に少ないことになっている。

　国は、「障害者手帳の発行数＝障害者の人数」としてカウントしている。厚生労働省の発表（２０１８年）によれば、身体障害者・知的障害者・精神障害者を合わせて、日本の全人口の７・４％だ。

それに対し、WHO（世界保健機関《ほけんきかん》）と世界銀行が発表した『障がいについての世界報告書《ほうこくしょ》』（2010年）では、世界人口の15%がなんらかの障害があるとしている。この地球上の6～7人に1人は障害者なんだ。

日本だけが障害者が少ない？　そんなはずはないよね。6～7人に1人っていったら、もはやマイノリティ（少数派《しょうすうは》）ともいえない。この人たちが不自由なく暮らせるようにするのは、国の責任《せきにん》だ。そんな根本的なことができていないから、福祉につながらず、刑務所《けいむしょ》に来てしまう障害者があとをたたないんだよ。

知的障害者だけに絞って見てみると、福祉関係者の多くは、その数を「わが国には約62万人。それが療育手帳を持っている人の数ですから」と答える。ところが、医学的にいって、それに、ほかの国で知的障害者が人口に占《し》める割合《わりあい》から考えれば、ほんとうは日本全体で300万人くらいの知的障害者がいてもおかしくない。

数字上、知的障害者の人数が少なく見積もられているから、前の章で述《の》べたような司法の面での遅《おく》れも出てくるんだ。「ごく少数の人たちのためだけに、わざわざ司法のしくみを変える必要はない」ってね。

2 障害があるのに「障害者」と認めてもらえない

じつは、僕自身も知的障害者に対して認識《にんしき》不足《ぶそく》なところがあった。議員時代に何度も福祉施設《しせつ》に足を運んでいたけれど、そこで出会うのは重い知的障害のある人ばかり。彼《かれ》らのような人たちだけが知的障害者だと思いこんでいた。いま振《ふ》り返ると、大きな誤解《ごかい》だった。

医学的には、知的障害者の大部分が軽度の人だ。彼らは自由に歩くことができるし、会話もできる。ご飯を食べたりトイレに行ったりするのも不都合はなく、見た目では知的障害があることがわからない。だから、療育手帳の判定基準を満たさず、知的障害者として認められていない人が多い。ここに、軽度知的障害者の苦悩《くのう》がある。

療育手帳を持っていないから、福祉の支援《しえん》はほとんど行き届《とど》かない。一般《いっぱん》社会の中で

〝障害のない人〟として暮らさなければならないから、周囲はただの「変わり者」として接《せっ》してくる。

障害があるがゆえに仕事で失敗したのに、「使えないやつ」とののしられたり、コミュニケーションがうまくとれないと「空気が読めない」とバカにされたり、「不審者《ふしんしゃ》」と指をさされたりする。

君もテレビで見たことがないかい？　いわゆる「ゴミ屋敷《やしき》」を作ってしまって、マスコミのレポーターから「片《かた》づけるって約束したじゃないですか！」とか説教されている人を。じつは多くの場合、なんらかの障害のある人なんだよ。レポーターがどんなにきびしい言葉を向けたとしても、障害が原因なんだから、なかなか片づけることができない。

障害を認めてもらえないから、手をさしのべられる対象ではなく、排除《はいじょ》の対象になってしまう。だんだんと社会の中で孤立《こりつ》し、結果、罪を犯すリスクが高まる。

僕が刑務所で知りあったFさん（30代・男性《だんせい》）は、亡《な》くなったお母さんの遺体《いたい》を自宅《じたく》の庭に置きっぱなしにして「死体遺棄罪《したいいきざい》」で逮捕《たいほ》された。これは、遺体を亡くなった場所から移動《いどう》させ、そのまま放置したときに問われる罪だ。裁判《さいばん》では、懲役《ちょうえき》1年6か月の実刑判《じっけいはん》決《けつ》だった。

Fさんには軽度の知的障害があり、小学校は特別支援《とくべつしえん》学級だった。けれど中学校は普通《ふつう》学級で、高校もふつうの夜間高校に通っていた。療育手帳は持っていない。だから、近所の人は彼に障害があると知らなかった。

事件が発覚したのは、庭に放置した遺体が腐《くさ》って異臭《いしゅう》を放つようになったからだ。検察《けんさつ》官《かん》は「お母さんの年金をもらいたいがために、死亡《しぼう》したことを隠《かく》そうとしたのでは？」と疑《うたが》ったけれど、ぜんぜん違う。だって、彼の家は人通りの多い道路に面しているんだ。隠そうとするなら、ほかのところに遺体を置くでしょ。

それに、お母さんの預金口座《よきんこうざ》に振《ふ》り込《こ》まれていた年金は、手つかずのまま残っていた。

Fさんは、たいせつなお母さんが亡くなったけれど、遺体をどうしていいかわからずに困って、とりあえず庭に出してみた。それが刑事《けいじ》事件になっちゃったんだ。もしも、Fさんに障害があることが認められていたら、起こらなかった事件かもしれない。福祉関係者が彼の生きづらさに気づいて支援していたら、ちゃんとお母さんの葬儀《そうぎ》も埋葬《まいそう》もできただろうに……と思うと、悔《くや》しくてしかたがない。

ただ、療育手帳をもらえれば、すべて解決《かいけつ》というわけではない。僕と同じころ刑務所に服役《ふくえき》していたGさん（20代・男性）は、みずから療育手帳を破《やぶ》り捨《す》てた。

「これは、俺《おれ》がバカだっていう証明《しょうめい》でしょ⁉︎」

って言いながら。

Gさんは中度の知的障害者で、療育手帳を持っていたけれど、それを理由に子どものころから差別され、いじめられていた。知的障害者への偏見《へんけん》がなくならないかぎり、療育手帳はレッテル貼《は》りになってしまう面もあるんだ。

彼は「いっそ、ものすごい悪人になってやれ！」と、ヤクザの世界に足を踏《ふ》み入れた。先輩《せんぱい》ヤクザから「おまえだけが頼《たよ》りだ」「やればできる」とかおだてられて、振り込め詐《さ》欺《ぎ》の出し子になった。ただ、彼は出し子が犯罪《はんざい》であることを理解《りかい》できていなかった。変装《へんそう》もしないで銀行のＡＴＭを操作《そうさ》し、防犯《ぼうはん》カメラに顔がバッチリ映《うつ》っていた。それで、すぐに逮捕された。

ヤクザは、知的障害者のコンプレックスにつけこんで犯罪行為《こうい》へと引きずりこむ。福祉関係者には「ヤクザから彼らをとり戻す！」ってくらい言ってほしいところだけれど、たいていは現実《げんじつ》から目をそらしている。

僕が言いたいのは、知的障害者全員に療育手帳を発行しろということじゃない。手帳を持っているか持っていないかではなく、「いま現在《げんざい》、何かに困っているかどうか」で福祉サービスを提供《ていきょう》してほしいということだ。

障害以外にも難病《なんびょう》とか貧困《ひんこん》とか、困っている人はおおぜいいるよね。そうした人たちが困った状態《じょうたい》じゃなくなるように、一人ひとりに応《おう》じた支援をするのが本来の福祉だと思うんだ。

3 軽度の障害者だけじゃ福祉施設が運営《うんえい》できない

障害があることを認めてもらえず、福祉の支援を受けられない。結果、軽い罪を犯して刑務所に入ってくる人が多い――。

僕は、この問題を福祉行政《ぎょうせい》にかかわる人に知ってもらいたくて、厚生労働省の障害者福祉の責任者だった人に会いに行った。障害者福祉だけでなく、長年、生活保護制度やホームレス問題にも取り組んできた人だ。

彼は、悲痛《ひつう》なおももちで頭を下げた。

「申《もう》し訳《わけ》ない。自分たちは〝美しい福祉〟しかやってこなかった。車いすを押《お》したり、おむつを替《か》えたり、あるいは医療《いりょう》を必要とする人の支援ばかりしてきた。ほんとうは、もっと大変な人がいることをうすうす感じていた。刑務所の中に障害者がそれほどいるとは、痛恨《つうこん》のきわみです」

彼の言う〝美しい福祉〟とは、重度障害者を中心とした福祉制度のこと。日本の福祉政《せい》策《さく》は、身体障害も知的障害も精神障害もすべて、障害が重い人ほど多くの予算を割《わ》り当て、軽度の人はほとんどほったらかしにされている。多くの人は「重度障害者は大変だから当然」と思うかもしれない。でも実際《じっさい》は、そうとも言い切れないんだ。

僕自身、刑務所を出所してから3年半くらい、障害者入所施設で働いていたけれど、重度の人の場合、食事やお風呂《ふろ》、おむつのお世話は、そう時間がかからずに慣《な》れた。何年も働いている職員《しょくいん》は、じつにテキパキとこなすよ。障害が重くて寝《ね》たきりに近い人なら、つねに見守っていなくても、ケガをしたり、事故《じこ》や事件を起こしたりする心配もない。はた目から「偉《えら》いわね」「心優《やさ》しい人なのね」みたいに見られて、支援をしている側が満足感にひたれるのも、意外と重要なところ。福祉職員のやりがいにつながるし、心のどこかで「自分は美しい仕事をしている」って思えるから。

それに、重度の障害者を受け入れた福祉施設は、一人あたり日額《にちがく》4万5000円ぐらいの高い報酬《ほうしゅう》が得られる（施設の規模《きぼ》や職員の人数などによって異《こと》なる）。だから、重度の人ばかりを入れたがる福祉施設が多いんだ。

一方で、軽度の障害者は、身のまわりのお世話はほとんどいらないけれど、自分で自由に行動できるから、かならずだれかがそばにいる必要がある。

タバコを吸《す》うためにふつうにライターを持つし、料理をしようと包丁《ほうちょう》を持つんだけど、まちがって外出するときに包丁を持ったり、電車の中でタバコを吸ったりしようとしないともかぎらない。何かいやなことがあって暴《あば》れたときは、職員が2人がかりで止めなきゃならない。とにかく人手が必要なんだ。

外見では障害がわからないから、お世話をしていて「偉いわね」とほめられることもまずない。それどころか、「変な人と一緒《いっしょ》にいる」と避《さ》けられることが日常茶飯事《にちじょうさはんじ》だ。

こんなに大変なのに、福祉施設に入る報酬は、一人あたり日額1万7000円くらい。

福祉施設としては、軽度の障害者を受け入れてもあまりメリットがないんだ。「ただでさえ福祉施設は人手不足なんだから、やっかいなだけだ」という話をよく聞く。

あきれたことに、軽度障害者に、重度障害者のお世話を手伝わせている福祉施設もある。車いすを押させたり、食事の介助《かいじょ》をさせたりして、福祉職員の仕事を押しつけているんだ。だから、職員とケンカになることも多いよ。軽度の人が「出て行く！」って言えば、職員のほうもこれ幸い。引きとめようともしない。

困っている人に手をさしのべるのが福祉なのに、それができていない福祉施設の、なんと多いことか。服役することになった障害者とかかわっていた福祉施設が、刑務所側に「もっと、わたしたちの言うことをきく障害者にしてください」なんて、ひどい注文をつけた例もある。

ただ、この背景《はいけい》には日本の障害者福祉のきびしい財政状況《ざいせいじょうきょう》がある。

日本の障害者福祉予算は年間約1兆《ちょう》円。ＧＤＰ（国内総生産《そうせいさん》）に占める障害者福祉予算の割合でいえば、スウェーデンの約9分の1、ドイツの約5分の1、イギリスやフランスの約4分の1、そして、社会保障制度が不十分だといわれているアメリカと比《くら》べても、2分の1以下になっている。先進国の中で、障害者福祉にこんなにお金を使っていない国はないよ。国として障害者福祉を軽視《けいし》しているといわざるをえない。

福祉施設のありかたには問題が多いけれど、財政的な余裕《よゆう》のなさが原因《げんいん》になっていることを、僕たちは知っておかなくちゃならない。

4　障害者の「自立」はだれのため？

世界の障害者福祉は、共通して「脱施設《だつしせつ》・地域移行《ちいきいこう》」に向かっている。これまで福祉施設に入っていた障害者も、できるだけ地域社会で暮らそうという方針《ほうしん》だ。日本も、この流れに乗ろうとしている。

2016年に、神奈川《かながわ》県相模原《さがみはら》市で起きた「津久井《つくい》やまゆり園」の事件を知っているかな？　この福祉施設の元職員によって、19人もの障害者の命がうばわれた。事件後、この施設にはだれも住めなくなった。今後、県は、元のような大規模《だいきぼ》施設にはせず、グループホームなど数人の障害者が暮らす家庭的な環境《かんきょう》を作って、地域移行をうながそうとしている。

脱施設・地域移行の考えかた自体は、僕も賛成《さんせい》する。社会から隔離《かくり》されるように福祉施設に入らなくても、みんなと一緒《いっしょ》に地域で自由に暮らせたほうがいいに決まっている。ただ、日本の福祉の現状を考えると、とてもじゃないが、安心して脱施設も地域移行もできない。知的障害者が、ますます福祉サービスを受けにくくなってしまうからだ。実際、もう問題が噴出《ふんしゅつ》している。

日本では、2003年に福祉の基本《きほん》スタンスを「措置《そち》制度」から「支援費《しえんひ》制度」に大転換《だいてんかん》した。

〝措置〟っていうのは、「弱い人に、行政《ぎょうせい》が施《ほどこ》しを与《あた》えますよ」みたいな、上から目線のニュアンスがある言葉。措置制度の時代は、障害者が福祉サービスを利用するとき、行政が利用先や内容《ないよう》などを決めていた。それが、支援費制度になってからは、障害者が自分で福祉サービスを選び、事業者と個別《こべつ》に契約《けいやく》を結ぶことになった。

自分で利用するサービスを決められるのはいいけれど、行政が仲立ちしてくれなくなったことで、問題が起きている。

ある裁判官《さいばんかん》が言っていた。

「〝契約〟になってから、福祉が冷たくなった」

措置の時代は、軽い罪を犯した知的障害者の裁判で、裁判長が「福祉施設に入って更生《こうせい》しなさい」と言えば、自治体の福祉担当者が福祉施設に話を通して、入所できることも多々あった。ところが、契約の時代になってからは、知的障害者やその家族が、自分たちで福祉施設を探《さが》さなければならない。行政があいだに入らないから、「あなたのような人とは契約しません」と断《ことわ》る福祉事業者が増《ふ》えたんだ。

悲しいことに、現状《げんじょう》でいえば、障害のある人が福祉事業者を選ぶのではなく、福祉事業者が障害者を選別する、そんな福祉になってしまっている。

2006年に「障害者自立支援法」が施行《しこう》されてからは、ますますその傾向が強くなった。この法律《ほうりつ》は〝ひとりで歩いたり食事をしたりできるなら、働いて自立しましょう。そのための援助《えんじょ》をします〟というのが表向きの目的。でも実態《じったい》は、軽度や中度の障害者が福祉サービスを使いにくくなった。その結果、「福祉に使う予算が抑《おさ》えられる」と、まるでそのことを目的にしたような法律だった。

実際に、軽度や中度の知的障害がある人たちの中には、福祉サービスの利用料が上がったり、受けられるサービスが減《へ》ったりする人が続出した。〝自立支援〟とは名ばかりに、それまでなんとか生活できていた人たちが、困窮《こんきゅう》する結果となったんだ。障害者団体が批判《ひはん》の声をあげ、裁判に

まで発展《はってん》した。

さすがに国もマズイと思ったようで、2013年に障害者自立支援法が廃止《はいし》され、かわりに「障害者総合支援法《そうごうしえん》」になったけれど、名前が変わっただけで、問題はほとんど解決していない。


そもそも、障害者の脱施設・地域移行という流れは北欧《ほくおう》で始まったんだけれど、日本に合った進めかたをしないと、行き場を失う障害者があふれかえるはずだ。

僕が思うに、かつての日本には「共生《きょうせい》の文化」みたいなものがあった。人情《にんじょう》といってもいいかもしれない。知的障害のある人には、周囲の人が率先《そっせん》して、簡単《かんたん》で稼《かせ》ぎがいい働き口を用意していた。多少コミュニケーションがとりにくい人がいても、なんとか折り合いをつけながら、地域で一緒に暮らしてきた。

そういう社会の下地があれば、脱施設・地域移行もうまくいくかもしれない。だけど、いつしか社会の価値観《かちかん》は「お金がいちばん」になり、効率《こうりつ》よく仕事ができない人を排除する風潮《ふうちょう》がただようようになった。軽度の知的障害者たちは、どんどん住みづらくなっている。

ほんとうは支援を必要としているのに、「自立、自立」と追い立てられて孤立《こりつ》し、結局のところ排除されている。その先にあるのが刑務所だ。いったい、なんのための「障害者自立」なんだろうね？

やっぱり〝刑務所の福祉施設化〟は、司法の問題というより、福祉の問題であり、社会全体の問題だと痛感《つうかん》する。

5 「福祉の刑務所化」が怖《こわ》い！

法務省《ほうむしょう》の『矯正統計年報《きょうせいとうけいねんぽう》』によると、2016年に刑務所を出所した約2万3000人のうち、行き先が社会福祉施設だった割合は、わずか2%。2006年は0・1%にも満たなかったから、これでもずいぶん多くなったほうだけれど、まだまだ少ない。福祉施設にとって、罪を犯した障害者を受け入れるハードルは、とほうもなく高い。

僕は刑務所を出所してから、この十数年間、知的障害のある出所者を福祉につなげる手助けをしてきた。刑務所から「知的障害のある受刑者が満期出所するけれど、行き先がなくて困っている」と連絡があれば、手当たりしだい福祉施設に電話をかける。だけど、最初のうちはなかなかうまくいかなかった。「ヒツジの群《む》れの中に、オオカミを放つようなことはできません」なんて言って、断ってくる福祉事業者もいるんだ。

あるとき、めずらしく福祉施設から相談の電話がきた。

「じつは、元利用者が放火未遂《みすい》をして服役しています。このくらいの罪だと、いつごろ帰りますか」

てっきり出所のときに迎《むか》えに行ってくれるんだと思って、喜んで話を聞いた。ところが、そんなに甘くはない。

「また放火をされないように、出所までに警備《けいび》を強化するんです」

その福祉施設は、模範的《もはんてき》な福祉をしているとして、たびたびマスコミに取り上げられている。それでも、罪を犯した障害者に対してはこうも冷たい。

一方で、出所者側も、福祉を避《さ》けたがる傾向がある。２００９年から、行き場のない出所者を福祉施設に橋渡《はしわた》しする「特別調整」という制度が始まったけれど、10人のうち９人は断るね。とくに、もともと福祉の支援を受けていた人ほどいやがる。

「福祉に行ったら無期懲役《むきちょうえき》だ」

こんなふうに言う人が、ものすごく多い。

そこまで福祉は信用されていないのか、と最初はショックだったよ。でも、彼らの言いぶんには納得《なっとく》できるところもある。福祉施設に入所すると、起きる時間も寝る時間も、お風呂も食事も、ぜんぶルールが決まっている。ちょっとコンビニに行きたくたって、自由に外出できない。何度かルールを破《やぶ》ると〝むずかしい人〟と決めつけられ、つらく当たられる。

すべての福祉施設がそうではないけれど、やたらと管理的な福祉施設がはびこっているんだ。これには二つのパターンがある。

さっきも言ったように、国の障害者福祉は、脱施設・地域移行の方針だ。福祉施設にとってみれば、利用者が減りかねない流れでもある。だから、経営《けいえい》のきびしい福祉施設は、確実《かくじつ》に〝お客さん〟を集めるため、あえて行き場のない出所者を受け入れることがある。そんなお金目当ての福祉施設は、効率よく管理することばかり考えているから、刑務所なみのきびしいルールで利用者をがんじがらめにする。

いわば、刑務所の福祉施設化とは逆《ぎゃく》に、〝福祉の刑務所化〟が起きているんだ。

もうひとつのパターンは、刑務所のかかえる問題をなんとかしようと、積極的に出所者を受け入れている福祉施設。問題意識《もんだいいしき》が高いのはいいんだけど、「絶対《ぜったい》、再犯《さいはん》させないようにがんばります！」と、力が入りすぎてしまいがち。完全に再犯を防《ふせ》ぐには、自由をうばうしかないよね。だから、ここでも福祉の刑務所化が起きている。ガチガチのルールを決めて自由をうばうんだ。

出所者たちが「福祉なんてまっぴらごめん」と言うのは無理もない。

ここ数年、刑務所にも福祉的な視点《してん》が必要だと言われるようになり、刑務官《けいむかん》が福祉施設に研修《けんしゅう》に行くことがある。だけど、僕が知る範囲《はんい》では、刑務所のほうがよっぽど福祉的で、個人《こじん》の考えを尊重《そんちょう》している面がある。特別調整を拒《こば》む受刑者と話をするとき、刑務官は決して無理じいしない。福祉施設に入らない場合、どうなるかを優しく説明し、「まあ、あとはあなたの気持ちしだいだよ」って本人にたくす。

だから、逆だと思うんだ。刑務官が福祉施設で研修するんじゃなく、福祉関係者が刑務所に行って研修したほうがいい。そのほうが、罪を犯した障害者の立場になった支援ができるだろうから。

第4章

「不審者《ふしんしゃ》は無視《むし》」じゃ安心な社会は築《きず》けない

1 その「善意《ぜんい》」がだれかを排除《はいじょ》する

件名《けんめい》…不審者出没情報《ふしんしゃしゅつぼつじょうほう》
本文…12月1日午後3時10分ころ、〇〇町1丁目の路上で、小学生（女児）が下校途中《とちゅう》、男から「おうちどこ？」と声をかけられました。

最近では、だいたいどこの自治体でも、こんなメールを配信している。警察《けいさつ》にも同じようなメール配信サービスがあるし、子どもをもつ母親どうしのメールやラインでも、不審者情報が飛び交《か》っている。学校で先生が注意を呼《よ》びかけることだって、よくあるよね。子どもが危険《きけん》な目にあうようなことは、当然、避《さ》けなければいけない。こうしたメールで防《ふせ》げた犯罪《はんざい》もあるかもしれない。それをふまえた上で、ちょっと考えてみてほしい。

不審者って、だれのことだろうね？

じつは、「不審者がいる」と通報《つうほう》された人の中には、少なからず知的障害《ちてきしょうがい》のある人がいる。

道を歩いている途中にパニックを起こし、大声で叫《さけ》んでしまった。公園の周辺で尿意《にょうい》をもよおして、ズボンを下ろそうとしてしまった。学校の周辺を一日中うろうろしてしまった……。こうした理由で逮捕《たいほ》され、刑務所《けいむしょ》に入れられた人を、僕《ぼく》は何人も知っている。

Hさんは典型的《てんけいてき》なケースだ。図書館で、職員《しょくいん》と口論《こうろん》のすえに傘《かさ》を振《ふ》りまわしたとして、迷惑防止条例違反《めいわくぼうしじょうれいいはん》の容疑《ようぎ》で逮捕された。

彼《かれ》は軽度の知的障害がある上に、幼《おさな》いころから目がほとんど見えない。家庭はとても貧《まず》しく、お父さんはアルコール依存症《いぞんしょう》で何年も入院。お母さんは働きづめで早くに亡《な》くなってしまった。お兄さんがいたけれど、暴力的《ぼうりょくてき》でいつもHさんをいじめてきた。だから、彼はずっとホームレス状態《じょうたい》だった。

雨風をしのぐために昼間は図書館によく来ていて、入り口のところで寝《ね》ていた。何日もお風呂《ふろ》に入っていないから、からだは臭《にお》うし、衣服もだいぶ汚《よご》れていた。

図書館の職員は、ほかの利用者の迷惑になると思ったのかな。たびたびHさんに出ていってもらうよううながし、そのうちに口論になった。

「目が見えなくて本を読めないのに、どうして図書館に来ているんだ？」

職員のこのひと言がきっかけで、Hさんは自分を抑《おさ》えられなくなった。ウアーッと手を振り上げたら、持っていた傘で突《つ》つかれるのかと職員に驚《おどろ》かれてしまった。それで通報されて逮捕となったんだ。

裁判《さいばん》では、まだ初犯《しょはん》（はじめての犯罪）だし、実質的《じっしつてき》な被害《ひがい》もなかったので、執行猶予《しっこうゆうよ》

つきの判決《はんけつ》が出て釈放《しゃくほう》された。ところが、彼は居場所《いばしょ》がないものだから、ふたたび同じ図書館に行って職員とトラブルになった。そして、同じように傘を振りまわしてしまって、二度目の逮捕。

今度は再犯《さいはん》で、身元引受人《みもとひきうけにん》もいなかったから、実刑《じっけい》判決を受けて刑務所《けいむしょ》に服役《ふくえき》した。

きっと、図書館の職員も「刑務所に行ってほしい」とまでは思っていなかっただろう。図書館の平穏《へいおん》を守るために、立ち去ってもらえればそれでいい。そのくらいの気持ちだったかもしれないけれど、結果的にHさんは社会から追い出されてしまった。

善意は、ときとしてだれかを排除する力をもっている。

自治体のメール配信も、親どうしの不審者情報の交換《こうかん》も、みんな「よかれ」と思っての行動だよね。自分たちを守ろうとしているだけだ。でもその陰《かげ》で、本来は福祉《ふくし》につながるべき人たちが、刑務所に入れられている場合があることを、君に覚えておいてほしい。

2 必要なものだけど、わたしの近くには作らないで。お願い

近所に知的障害のある子どもが住んでいたことのある人は、心当たりがあるんじゃないかな。いつのまにかその子は近所からすがたを消して、夏休みやお正月だけ見かけるようになったことを。

重い知的障害のある人の多くは、小学校から高校くらいまでは、地元の特別支援学校《とくべつしえん》に通っている。卒業後も地元に住み続ける人もいるけれど、家族と離《はな》れて遠くの障害者施設《しょうがいしゃしせつ》に入る人も少なくない。東京都の障害者が優先的《ゆうせんてき》に入所できる遠くの施設を「都外《とがい》施設」という。関東圏内《けんない》のほか、東北地方とか、ずいぶん遠いところにもたくさんある。いままも3000人くらいが入所していて、空きが出るとすぐにうまる（「毎日新聞」2017年7月20日）。

僕は刑務所を出所したあと、東京の八王子市にある障害者の入所施設で働いていた。当

時、その施設は新しくて、東京都内に知的障害者の入所施設ができたのは画期的《かっきてき》だと、もてはやされた。そのくらい、東京をはじめとする都市部では、障害者が入所する施設は作りにくい。

障害者施設が建設《けんせつ》されそうになると、決まって反対運動が起きる。世の中にそうした施設が必要なのはわかるけれど、いざ近所にできるとなると困《こま》るという人が多い。治安が悪くならないか、地価《ちか》（土地の値段《ねだん》）が下がらないか、って心配するんだ。

おかしいよね。大手企業《おおてきぎょう》はこぞって「CSR事業」を展開《てんかい》している時代なのに。

CSRとは「企業の社会的責任《せきにん》」の意味。企業の経営者《けいえいしゃ》には、お金を稼《かせ》ぐだけじゃなくて、社会の役に立つことをする責任もある、って考えかただ。たとえば環境保護《かんきょうほご》活動や、慈善団体《じぜんだんたい》への寄付《きふ》とかを事業にしている。たんなるボランティアじゃなくて、企業のイメージアップをはかる事業だ。そうすれば、会社の株価《かぶか》だって上がることになる。

障害のある人を雇《やと》って、働いてもらっている企業も多いよ。産業界は、少なくとも表向きは、障害者の社会参加を応援《おうえん》している。だから、障害者施設ができて地価が下がるなんて、ほんとうはありえないはずだ。

ところが、現実《げんじつ》にはまだまだ偏見《へんけん》が残っていて、障害者が近くに来ることに根拠《こんきょ》のない不安を感じる人が多いんだね。

一般《いっぱん》市民だけじゃない。自治体の福祉《ふくし》担当者《たんとうしゃ》も似《に》たりよったりだ。

精神《せいしん》や知的な障害があるために、自分や他人を傷《きず》つけるおそれのある人が、刑務所や保《ほ》護観察所《ごかんさつしょ》（満期出所者や仮出所《かりしゅっしょ》中の人などをサポートする機関）を出るときは、自治体に通知が届《とど》く。「こういう障害のある人が社会に戻《もど》るので、医療や福祉につないでくださいね」って事前連絡《じぜんれんらく》するんだ。

だけど、通知しても自治体側がそれに応《おう》じてくれない。

「その人、満期出所後も刑務所に置いておけないですか？」

こんな言い草をする自治体の福祉担当者もいた。

ちなみに2016年は、刑務所全体として、全出所者2万2947人のうち3675人について自治体への通知をおこなっている。でも、自治体がきちんと対応《たいおう》してくれたのは、たったの66人にすぎない。

障害者施設ができるのに反対している人たちも、出所者を拒絶《きょぜつ》する自治体職員も、きっと悪意はない。地元の平穏を壊《こわ》したくないという素朴《そぼく》な気持ちが、結果的に立場の弱い人を社会のすみに追いやっている。知的障害者や精神障害者がどんな人たちなのか、よく知らないことが、そうさせているんだと思う。

以前、僕のところに、ある自治体の福祉担当者から、弱り切った声で電話がかかってきた。知的障害者のグループホーム（障害のある人が数人で生活する場）を建てようとしているんだけれど、地元住民が反対運動をしている。その反対運動のリーダーが、僕の書いた『累犯《るいはん》障害者』を持ってきて「障害者は累犯者になりやすいんでしょ！」と言って、一歩も引かないと。

どうやら、そのリーダーは本の中身を読んでいないみたいだった。だって、『累犯障害者』に書いているのは、刑務所が行き場のない障害者の受け皿になって、福祉施設化していること。障害のある人は、もともとおとなしい性格《せいかく》だけど、人にだまされたり、生活に困ったりして、やむなく罪《つみ》を犯《おか》してしまうことが多いっていう話だ。障害があるから累犯者になりやすいなんて誤解《ごかい》だよ。

だから僕は、反対運動をしている人たちも含《ふく》め、周辺の住民を集めてもらって、直接話《ちょくせつ》をすることにした。そのときのようすは、地域《ちいき》のケーブルテレビでも流され、10回以上にわたって放送されることになった。

そしたら、わかってくれたよ。反対していた住民のひとりがこう言った。

「要するに、累犯障害者は、地域の中で孤立《こりつ》し、排除されて刑務所に行っていたんですね。まさに、わたしたちのような人が累犯障害者を生み出していたんですね。もう反対はしません」

障害のある人のことを何も知らなければ、身がまえてしまうかもしれない。だけど、どんな人たちなのかを理解すれば、彼らと共生《きょうせい》することへの抵抗感《ていこうかん》は少なくなる。それを象徴《しょうちょう》しているようなできごとだった。

3 刑務所はぜいたく？

桜《さくら》の花が舞《ま》い上がる季節を、受刑者たちは心待ちにしている。年に一度の「観桜会《かんおうかい》」、シャバの言葉でいうお花見だ。みんなでグラウンドに出て、桜の花をながめながら、弁当やお菓子《かし》を味わう。思いっきり外の空気を吸《す》える、貴重《きちょう》なひとときだ。

刑務所ではほかにも、クリスマスに小さなケーキ、大みそかに年越《としこ》しそば、お正月には簡単《かんたん》なおせち料理が出る。誕生月《たんじょうづき》は、ささやかな誕生会が開かれて、菓子パンを食べながら祝《いわ》ってもらえる。2月14日のバレンタインデーには、なんとチョコレートまで配られちゃう。

ふだんの食事は、麦飯《むぎめし》に味気ないおかずと汁《しる》ものが少しだけで、つねにおなかをすかせているから、行事の日の食事は感動的においしく感じる。

こんな話をすると、「なんて刑務所はぜいたくなんだ!」って腹立たしくなるかもしれない。そうじゃなくても、「犯罪者にお金をかけるなんて税金《ぜいきん》のムダ」「ただで衣食住にありつけるから、何度も刑務所に入る人がいる」と思っている人はとても多い。

でもね、観桜会のお菓子もクリスマスのケーキも、たんにサービスで出されているわけじゃないんだ。

僕が刑務所の寮内《りょうない》工場で会った受刑者たちは、こうした行事をことごとく経験《けいけん》していない。人生50年、60年と生きてきたなかで、だれかとクリスマスを祝ったこともなければ、「誕生日おめでとう」と言われたこともない。バレンタインデーなんて、何なのか知らなかったりもする。

だから、あえて刑務所で行事を祝うんだ。

服役を終えたあと、社会の一員として生きるために、世の中でおこなわれていることを最低限《さいていげん》、経験させる。ほんのちょっとでも、みんなと一緒《いっしょ》にすごした楽しい時間が、「自分も生きている価値《かち》のある人間なんだ」という自覚につながるから。

いわば、社会性を身につける「教育」としての行事なんだ。決して、ぜいたくをさせているのではない。むしろ、刑務所の予算はいつもカツカツで、そうとう出費を切りつめて運営《うんえい》されている。

同じ刑事司法《けいじしほう》の中で年間予算を比《くら》べても、ほら、こんなに少ない。

・検察《けんさつ》、警察《けいさつ》……約3兆《ちょう》7293億円
・裁判所……約3153億円
・刑務所……約2317億円
・更生保護《こうせいほご》（刑務所や少年院を出た人などをサポートする活動）……約253億円

（いずれも2016年の予算額）

なにか事件《じけん》が起きたとき、マスメディアは犯人《はんにん》が逮捕されるところや、裁判であらそうところまではこぞって報道《ほうどう》するから、検察や警察、裁判所は華《はな》やかに見える。だけど、裁判が終わればパッタリ報道されなくなって、そのあとの刑務所のことは忘《わす》れられがちだ。

罪を犯した本人にとってみれば、〝生き直し〟をスタートさせる刑務所こそ重要なところ。出所して、社会に戻るときに支援する更生保護は、刑事司法の総仕上《そうしあ》げだ。これらにもう少し予算をかければ、再犯を大幅《おおはば》に減《へ》らせるんじゃないかって僕は考えている。

でも、マスメディアも含《ふく》めて、犯罪の話は感情的にしか語られなくて、冷静な議論《ぎろん》ができない。僕が、国会議員時代の仲間に「きめ細かな対応をするには、刑務所と更生保護の予算が足りなすぎる」って相談したら、「そりゃわかるんだけど、悪いことをした人のために予算を増やすなんてできないよ」って返事だった。

僕から言わせれば、そうした感覚こそ、刑務所で使われる経費《けいひ》を引き上げる結果につながっているんだと思う。

刑務所に一人収容《しゅうよう》するには、年間300万円くらいかかるといわれている（＊1）。障害や病気があって刑務作業ができず、たくさん薬を投与《とうよ》されている受刑者だったら年間500万円くらいにもなる。

＊1…中島隆信『刑務所の経済学』（ＰＨＰ研究所）より。

本来ならば福祉が支援すべき対象でも、いまの社会はそれをせず、〝臭《くさ》いものにふた〟のように刑務所に入れてしまう。そのために使われる税金が、一人あたり年間500万円と考えると、たしかに高いよ。

「犯罪者にお金をかけるのはもったいない」って言えば言うほど、再犯は減らないし、刑務所にかかるお金だって増えていく。

4　被害者の気持ちはどうなるの？

「もしも自分が被害者だったら、犯人を決して許《ゆる》さない！」

テレビの事件報道を見て、君も憤《いきどお》ったことがあるんじゃないかな。被害者の無念さを思い、あるいは自分の家族が被害者になることを想像《そうぞう》したとき、犯罪加害者に対して、はげしい怒《いか》りがわいてもおかしくはない。

犯罪加害者に対する社会の風当たりは、とても強い。インターネット上では発信者の名前や顔がわからないことも手伝って、加害者バッシングの嵐《あらし》だ。

「極刑《きょっけい》（死刑のこと）にしろ」

「二度と刑務所から出すな」

そんな言葉が、ちゅうちょなく発信されている。被害者が犯人を罰《ばっ》したい気持ちを代弁《だいべん》するがごとく、徹底的《てっていてき》に加害者を責《せ》め立てる。ちょっとでも加害者をかばう人があらわれようものなら、「自分の家族が被害にあっても、同じことを言えるのか！」と詰《つ》めよる。

少し前だけれど、2007年に大阪府八尾市《おおさかふやおし》の駅前で、知的障害のある男性が、3歳《さい》の男の子を歩道橋から突《つ》き落とす殺人未遂《さつじんみすい》事件があった。当時、朝のワイドショーの司会者は吐《は》き捨《す》てるように言った。

「障害者の人権《じんけん》なんて言っているから、健常者《けんじょうしゃ》の人権が守られないんですよ」

とても痛《いた》ましく、重大な事件であることはまちがいないけれど、この司会者の発言も過激《かげき》だ。これじゃまるで、障害者と健常者が対立する存在《そんざい》みたいな言いかたじゃないか。僕は、視聴者《しちょうしゃ》からクレームが来るんじゃないかと思って、テレビ局の人に聞いてみた。すると、予想は大ハズレ。

「局としてはまずいのですが、視聴者からは『さすが！』と司会者をほめたたえる声が届《とど》いています」

被害者やその家族への救済《きゅうさい》は、たしかにたいせつだ。なんでもかんでも犯罪を許せとは僕も思わない。

日本では、犯罪被害者に対する賠償《ばいしょう》制度がずいぶん遅《おく》れている。国の「犯罪被害給付《きゅうふ》制度」は、殺人や傷害致死《しょうがいちし》事件などで被害者が死亡《しぼう》した場合、遺族《いぞく》に最高約３０００万円が支払《しはら》われる。けれど、給付にはいろいろと条件《じょうけん》があって、２０１１〜15年度の平均支給額《へいきんしきゅうがく》は約５４０万円にとどまる（「毎日新聞」２０１７年5月30日、東京夕刊《ゆうかん》）。

被害者や遺族の気持ちを手当てする制度は、決して十分ではない。

でもね、きびしいようだけれど、被害者が犯人を憎《にく》む気持ちと、刑事罰《けいじばつ》のありかたは、切り離《はな》して考えなければいけない。

刑事罰は仇討《あだう》ちのためではなく、社会の秩序《ちつじょ》を守るためのものだ。もし、憎しみの度合いによって刑事罰を決めたら、〝目には目を、歯には歯を〟のように、報復《ほうふく》が連鎖《れんさ》する社会になってしまう。そうなったら、もう法治国家《ほうちこっか》とはいえないよね。

いまの社会は、どうも犯罪の〝入り口〟しか見ていないように思える。

事件が起きて、逮捕されて裁判が終わるまでは、マスメディアも、ネット上のコミュニティも大さわぎする。ところが、重い判決が出ればいっちょう上がりで、すぐに事件のことは忘れられる。あれほど声高《こわだか》に叫んでいた、被害者の心情《しんじょう》についても置き去りだ。

何度もくりかえすけれど、罪を犯した人の多くは、人生のほとんどを被害者として生きてきている。身体や知能《ちのう》にハンディキャップがある、あるいは家庭が貧《まず》しくて、十分な教育や愛情《あいじょう》を受けられずに育った人がとても多い。もちろん、そうした人たちの全員が罪を犯すわけじゃないけれど、周囲の支援がとぼしくて孤立すると、犯罪に至《いた》るリスクは高まる。犯罪は加害者の〝自己責任《じこせきにん》〟で、本人だけが悪いみたいに思われているけれど、社会にも責任の一端《いったん》があるんじゃないだろうか。


自己責任の風潮《ふうちょう》が広まったのは、いつからだと思う？　君はまだ生まれる前だったかな。2004年に起きた「イラク日本人人質《ひとじち》事件」がひとつのきっかけだ。

3人の日本人が、ボランティアや取材のために、当時戦争中だったイラクの紛争地帯《ふんそうちたい》に渡《わた》り、武装集団《ぶそうしゅうだん》につかまった。武装集団は3人を人質にし、イラクに駐留《ちゅうりゅう》していた自衛《じえい》隊《たい》を撤退《てったい》させるよう日本政府《せいふ》に求めた。すると、当時の小泉純一郎首相《こいずみじゅんいちろうしゅしょう》は、早々に自衛隊を撤退しないことを表明し、外務省《がいむしょう》の竹内行夫外務次官（当時）は「自己責任の原則《げんそく》をあらためて考えてほしい」と発言した。

「自己責任」は、その年の流行語大賞になったほど社会に浸透《しんとう》したよ。弱い立場の人を切り捨ててでも、社会を防衛《ぼうえい》しようという空気が日本中をおおった。罪を犯した人の事情を無視《むし》して「悪い人」と切り捨てる空気は、その延長線上《えんちょうせんじょう》にあるように思う。

さて、この状況《じょうきょう》がずっと続いていいのかな？

いま、君にできることは、社会の常識《じょうしき》を疑《うたが》ってみること。被害者の心情を想像して、加害者をバッシングするだけで、安心して暮らせる世の中になるのか？　そう自問自答することから社会は変わっていくし、君自身も成長するはずだ。

5　障害者ってどんな人？

2016年に起きた「相模原《さがみはら》障害者施設殺傷《さっしょう》事件」のことは、3章でもふれた。知的障害者施設「津久井《つくい》やまゆり園」で、元施設職員《しょくいん》の男性が刃物《はもの》で19人を刺殺《しさつ》、26人に重軽傷《じゅうけいしょう》を負わせた大事件だ。加害者は「障害者は不幸しか作れない。いないほうがいい」と発言し、社会は騒然《そうぜん》とした。その加害者自身も、精神障害をわずらっていた。

一方で、ふだん障害のある人がマスメディアに登場するときといえば、パラリンピックをめざしてがんばるすがたとか、芸術面《げいじゅつめん》ですぐれた才能《さいのう》を発揮《はっき》するすがた。ドラマなんかでは、天使のように無垢《むく》で、周囲をなごませる存在《そんざい》として描《えが》かれることが多い。どこと なく、腫《は》れものにさわるようなあつかいかただよね。いずれにしても、美談調《びだんちょう》にとりあげられることがほとんどなんだ。

この本を読んでいる君は、そのあまりのギャップに、いったい障害者ってどんな人なのかって、混乱《こんらん》してしまうかもしれない。

人間は、自分と他人の違《ちが》うところをクローズアップして見てしまうくせがある。目や耳が不自由、手や足がない、言葉でコミュニケーションがとれない。障害者のそうした違い

を、必要以上に膨《ふく》らませて、身がまえがちだ。

でも、ちょっと待って。障害のある人も君も、同じ人間だよ。まずは同じところに目を向けてほしい。

僕が刑務所を出てから働いていた施設には、津久井やまゆり園にいた人たちと同じような、最重度の障害者がおおぜいいたよ。彼らと長い時間、一緒にすごしたけれど、自分と同じところがどんどん見えてきた。

ずっと寝《ね》たきりで、言葉を語らない人も、おなかがすいたら何かを食べたいし、おしっこがたまれば尿瓶《しびん》（おしっこをとる道具）をあててもらいたい。うれしいことがあったらウキウキして目が輝《かがや》いて、親にしかられればしょげかえる。もちろん、悲しいことがあれば胸《むね》を痛める。

あるとき、重度知的障害の男性のお母さんが自殺《じさつ》してしまった。彼がどこまで「死」を理解できたかはわからないけれど、とても落ち着かないようすになった。施設の職員に、お母さんのお墓《はか》へ連れていってもらうと、彼は涙《なみだ》をぼろぼろ流した。

重い障害のある人は、決して「何もわからなくてかわいそうな人」じゃない。人間として生きていく営《いとな》みは9割《わり》9分《ぶ》、僕たちと同じだ。

軽度の知的障害がある人も、ほとんど何も変わらない。

窃盗罪《せっとうざい》で刑務所に服役していたIさんは軽度知的障害者で、見た目からして僕らと同じだ。出所後はアパートでひとり暮らしをしていて、買いものに行くときはヘルパーがつきそう。彼は足が速くてジョギングが大好き。ある日、新しく靴《くつ》を買うために出かけた。

買う予定だった靴は、ふだんなら3000円。ところが、その日にかぎって特別セールで2000円になっていた。値札《ねふだ》を見たとたん、彼は大パニック。ソワソワと落ち着かなくなったと思ったら、わんわん泣《な》き叫んでしまった。結局、その日は何も買わずに帰って、また300円に戻《もど》ったら買いにいくことにした。
パニックになっているところだけを見たら、自分とは違うように見えるかもしれない。だけど、ことのいきさつを知ると、どこかで一理あるでしょ？　彼は自分で決めたことをしたかっただけで、わけもなく暴《あば》れたんじゃない。

犯罪をした人も、電車の中でわめき声をあげる人も、ゴミ屋敷《やしき》を作る人もそう、僕らと同じ人間だ。困ったときにとる行動が、ちょっと違うだけだ。いつの時代も、生まれながらにそういう人が一定の割合《わりあい》でいる。
障害者ってどんな人？　そう疑問に感じたら、自分と違うところじゃなくて、同じところを探《さが》してみよう。おのずと答えが見えてくるから。

たとえば、その参考として、こんな話がある。それは2015年、東京の府中《ふちゅう》刑務所を訪《たず》ねたさいに、所長さんの口から語られた言葉だ。

「あのときは、いったいどうなるかと思いました」

所長が「あのとき」と言うのは、東日本大震災《ひがしにほんだいしんさい》が起きた2011年3月のことだった。

府中刑務所というと、数ある刑務所の中でも、もっとも犯罪傾向《はんざいけいこう》の進んだ受刑者たちを収容《しゅうよう》する施設というイメージが強い。凶暴《きょうぼう》な受刑者が集まっているのでは……と。でも、その実態《じったい》は、まったく違った。

僕が訪問《ほうもん》したとき、府中刑務所には、約1800人の日本人受刑者が収容されていた（ほかに約400人が外国人の受刑者）。日本人受刑者のうち、なんと700人以上が精神か知的に障害のある人で、約600人が身体に障害のある人だったんだ。

その障害者率の高さを知って、ほんとうに驚《おどろ》いたよ。所内には五つの養護《ようご》工場があるけど、それでもまだ足りないくらいだそうだ。

障害のある受刑者がいるのは、養護工場ばかりじゃない。刑務官の手に負えなくなった人は、「処遇困難者《しょぐうこんなんしゃ》」として、通称《つうしょう》「レッドゾーン」と呼ばれるところに隔離《かくり》される。そこは、暴れたり叫んだりする人があとをたたず、一日のうちに何度も非常《ひじょう》ベルが鳴《な》り響《ひび》くエリアなんだ。

所長さんの話を続ける。

「あの震災時、レッドゾーンの収容者たちに対して、いちばん心配したのは、計画停電（＊2）のときです。いつも以上にさわぎだすんじゃないかと思って」

＊2…東日本大震災の直後、首都圏《しゅとけん》では電気が足りなくなるおそれがあったため、時間を決めて一部の地域の電気が止められた。

でも、その心配は、とりこし苦労に終わったらしい。

「わたしも含めて、たえずレッドゾーンを巡回《じゅんかい》していたんですが、意外なことに、みんなおとなしくて、びっくりするほど静かだったんです」

電気が通じるときは、ずっと震災のようすをテレビで見せていたらしい。所長さんは、こう振り返った。

「大変なことが起きているのに、さわいだりしちゃいけない、という意識があったんでしょう。重い障害のある人たちでもそれがわかるんだと、妙《みょう》に感心させられました」

府中刑務所では、震災の日から20日間以上、一度も非常ベルが鳴らなかったどころか、受刑者から「ストーブをつけなくてもいいですよ。できれば灯油は東北に送ってください」という申し出もあったのだそうだ。

6 障害のある人に、どう接《せっ》する?

もしかしたら君は、この本を読んで、困ってしまったかもしれないね。「不審者」といわれる人の中には障害のある人がいて、彼らは自分とほとんど同じ存在だと、僕は言った。だけど、親からは「不審者がいたら無視しなさい」と教えられているとしたら、「じゃあ、どう接したらいいの!?」って思っても無理はない。

日本で障害者の地域移行《ちいきいこう》が始まったのは、ほんの10年くらい前のことだ。障害のある人はずっと施設に隔離されていて、最近になって少しずつ地域に戻ってきた。だから、大人たちも、どう接したらいいのかわからない。

大人が身がまえると子どもも身がまえる。すると、障害のある人だって身がまえて、心を閉《と》ざしてしまう。

でも、断言《だんげん》しよう。障害のある人たちだって、かならずコミュニケーションができる。

僕は、施設で働くなかでよくわかった。相手の訴《うった》えたいことをなんとしても聞きたい。こっちの気持ちをなんとしても伝えたい。そう強く思って接すると、ちゃんと意《い》思疎通《しそつう》ができる。障害のために、言葉を語らない人たちもね。たぶん、ひと言ふた言のやりとりじゃわからない。むずかしいけれど、お互《たが》いの気持ちを共感することができると、コミュニケーションが前に進む。いちばん共感しやすいのは「悲しい」という感情《かんじょう》だ。障害のある人は、悲しい思いをた

くさん経験《けいけん》しているから、他人の悲しみに敏感《びんかん》だ。あの府中刑務所のレッドゾーンに収容されていた彼らも、きっとそうだったんだと思う。

知的障害のある人の場合、とくに、お母さんが悲しんでいる気持ちはすぐに察《さっ》する。お母さんの表情《ひょうじょう》が少しでも曇《くも》れば、彼らも落ち着かなくなる。そんなとき「悲しいね」「つらいね」って声をかけていると、いつしか心を開いてくれる。

それから、障害のある人の多くは、自分の気持ちを伝えようとしているのに、それができないつらさや、ＳＯＳを求めているのに、だれも手を貸《か》してくれない心細さを、しょっちゅう感じている。電車の中で、ウワーッ！と叫んでいる人がいたら驚くだろうけれど、本人はつらさを表現しているだけかもしれない。

パニックを起こす原因は、人によってさまざまだよ。

健常な人は、ちょっとくらいいやなことがあっても、いつのまにか忘《わす》れてしまうよね。脳《のう》に忘却《ぼうきゃく》という機能《きのう》があって、忘れることで自分の身を守るんだ。でも、障害のためにそれができない人もいる。つらいことが生々しい映像《えいぞう》としてずっと頭の中に残るんだ。だから、小学生時代に石を投げられた悔《くや》しさとか、かわいがっていた犬が死んだ悲しさなんかが、大人になってもひんぱんによみがえって、その人を苦しめることがある。

もし、障害のある人と接する機会があったら、「どんな気持ちでいるのかな?」「何がつらいのかな?」って想像してみてほしい。

障害のある人を理解するっていうのは、腫れもののようにあつかうことでも、むやみに親切にすることでもない。自分と同じ目線で接し、彼らの立場になって考えてみることだ。周囲の人と気持ちを共有できた経験は、障害のある人にとって、たいせつな成功体験になる。そうやって、障害のある人に優しい社会、つまり、君も含めてみんなを優しく包みこむ社会が築かれていくんじゃないかな。

第5章

彼《かれ》らを排除《はいじょ》しなければ、自分も排除されない

1　走りだした刑務所改革《けいむしょかいかく》

僕《ぼく》が刑務所の寮内《りょうない》工場の現実《げんじつ》を書いた『獄窓記《ごくそうき》』が出版《しゅっぱん》されたのは2003年。当時に比《くら》べると、刑務所をめぐる国の制度《せいど》は大きく改善《かいぜん》し、すっかり時代が変わったかのように感じる。

刑務所の運営《うんえい》は、明治41年（1908年）以来、ずっと「監獄法《かんごくほう》」によって定められてきた。監獄だなんて、ちょっと仰々《ぎょうぎょう》しい名前のこの法律《ほうりつ》は、出所後の社会復帰《しゃかいふっき》については何も書かれていない。懲役刑《ちょうえきけい》は「とにかく閉《と》じこめて、規律《きりつ》正しい生活をさせるもの」みたいに定めている。そのまま100年近くも変わらずに使われていたんだけれど、ようやく2006年に全面改正されて、「受刑者処遇法《じゅけいしゃしょぐうほう》」になった。

受刑者処遇法では、受刑者が矯正《きょうせい》教育を受けることを義務《ぎむ》づけている。犯《おか》した罪《つみ》を反省し、社会に戻《もど》るために必要なことを学ぶ教育のことだ。被害者《ひがいしゃ》の視点《してん》を取り入れた教習や、薬物依存《やくぶついぞん》からの離脱指導《りだつしどう》、性犯罪《せいはんざい》の再犯防止指導《さいはんぼうしし》など、いろんなプログラムが用意されている。それぞれが、ちゃんとした専門知識《せんもんちしき》をもった職員《しょくいん》によって教えられるんだ。

刑務所内の医療面《いりょうめん》も、改善されることになった。病気やケガをしたときは、一般《いっぱん》の医療《いりょう》機関《きかん》と同じ程度《ていど》の医療を提供《ていきょう》するように、と定めている。

刑務所の外との連絡《れんらく》についても、決まりがゆるやかになった。それまで禁止《きんし》されていた友人・知人との面会や、手紙のやりとりが可能《かのう》になったのだ（障害《しょうがい》のある受刑者には、もともと手紙や面会は少ないが……）。

法改正から10年以上たっても、職員が足りなくて、矯正教育も医療の改善も十分じゃない刑務所が多いけれど、とにかく問題解決《かいけつ》に向けて出発したことはまちがいない。

新しいタイプの刑務所もできている。

「ＰＦＩ（プライベート・ファイナンス・イニシアチブ）方式」といって、半官半民で運営される刑務所。つまり、国と民間が協力しながら運営するんだ。発祥《はっしょう》はイギリスで、日本では2007年に導入《どうにゅう》された。全国に4か所、山口県、栃木《とちぎ》県、兵庫《ひょうご》県、島根県にあって、基本的《きほんてき》に初犯《しょはん》で軽い罪の人を収容《しゅうよう》している。

PFI刑務所は、ふつうの刑務所とだいぶ違《ちが》う。

名称《めいしょう》も「刑務所」ではなく「社会復帰促進《そくしん》センター」という。出所者がちゃんと社会復帰できるように、責任感《せきにんかん》と自主性《じしゅせい》をつちかうことに重きを置いているんだ。だから、服役《ふくえき》してる人たちを「受刑者」ではなく、「訓練生」と呼《よ》ぶ社会復帰促進センターもある。

ここには、刑務所を象徴《しょうちょう》する高い塀《へい》もなければ、各部屋の窓《まど》の鉄格子《てつごうし》もない。そのかわり、建物のまわりには何百台もの監視《かんし》カメラが設置《せっち》されていて、窓は強化ガラスになっている。訓練生たちは、居場所《いばしょ》を示すICタグを身につけていて、面会室に行くときも刑務官《けいむかん》はついてこない。

一般の刑務所ではおなじみの、軍隊みたいな行進もなく、それぞれがひとりで歩く。社会に戻《もど》ってからは、街なかで行進して歩いている人なんていないからね。

特筆《とくひつ》すべきは、「特化《とっか》ユニット」といって、知的障害や精神《せいしん》障害のある訓練生に専門的《せんもんてき》な対応《たいおう》をする区域《くいき》があることだ。僕が見てきた寮内工場とは違って、障害の特性《とくせい》に合わせた特別な処遇《しょぐう》をしている。それがちょっとユニークなんだ。

代表的なものは、コミュニケーション能力《のうりょく》を向上させる教習。

前にも言ったように、知的障害や発達障害のある人たちは、思っていることや感情《かんじょう》を人に伝えるのが苦手だ。特化ユニットの教習では、ものごとを順序《じゅんじょ》立てて考える練習や、トラブルになりにくい話しかたを練習する。だれかに頼《たの》みごとをするときは、いきなり用件《ようけん》を伝えるんじゃなくて、「申《もう》し訳《わけ》ないですね」や「こうしてくれるとありがたい」とつけたほうがいい、とかね。

動物関係のNPOが教習に参加することもある。だれにでも従《したが》うようにしつけられた犬に、訓練生が命令を出すんだ。障害のある人は、幼《おさな》いころから周囲に命令されることはあっても、自分で命令したことはない。犬が命令どおりに走ったり、物を取ってきたりすることが成功体験になり、「自分だってやればできるんだ」という実感を得る。

ほかに、プロのクラウン（ピエロ）が講師《こうし》になって、感情表現《ひょうげん》の練習をすることもある。訓練生自身も、派手《はで》なピエロのお化粧《けしょう》をして、クラウンネームっていうピエロの名前をつける。たとえば「アレックス」とかさ。いつもとは違う自分になりきって、思いっきり声を出して笑ったり、オーバーに抱擁《ほうよう》したりする。もちろん、その場にいるだれもバカにしない。こうして、きちんと気持ちを表に出すことのたいせつさをからだで覚える。

特化ユニットの教習は、楽しそうに見えるけれど、考えようによっては一般の刑務所よりもきびしい。刑務官の言うことをきくだけじゃなく、自分の頭で考えなくちゃならないから。

一般の刑務所は、毎日のスケジュールがしっかり決まっていて、刑務官の命令どおりに動くだけだ。自分の考えを主張《しゅちょう》することは〝悪〟とされる。とことん自由をうばわれるけれど、障害のある人は、この環境《かんきょう》になじんでしまいやすい。自分で判断《はんだん》する必要はなく、不測《ふそく》の事態《じたい》が起こらない服役生活は、彼らにとって安心すら感じさせる。

だけど、あまりに社会とかけ離《はな》れた環境だから、服役が長くなるほど、社会性が失われる。出所後、前にも増《ま》して社会になじめなくなって、再犯につながる危険性《きけんせい》が高くなる。罪を犯した障害者が〝生き直し〟をするには、もっともっと刑務所を社会に近づけなくてはならない。日本の刑務所改革は、まだ始まったばかりだ。

2 出所後の再スタートを支《ささ》える「出口支援《しえん》」

障害のある受刑者の多くは、社会に戻っても身元引受人《みもとひきうけにん》がいなくて、住むところもない。それが再犯に至《いた》らしめる大きな原因《げんいん》になっていることは、この本でくりかえし述《の》べてきた。

国も、この状況《じょうきょう》をなんとかしようと動き出している。刑務所を出るときの支援策《しえんさく》だから「出口支援」っていわれている。

2009年から、各都道府県に「地域《ちいき》生活定着支援センター」が設置《せっち》された。刑務所を出ても行き場がない人を、福祉《ふくし》や、あるいは出所者を支援する団《だん》体《たい》などにつなげるコーディネート機関だ。

この地域生活定着支援センターを利用して福祉の場に行く以外に、障害のある出所者の行き先として多いのは、「更生保護《こうせいほご》施設」と「自立準備《じゅんび》ホーム」なんだ。

更生保護施設っていうのは、行き場のない出所者が一時的に滞在《たいざい》できる施設のこと。出所者の支援を専門とする「更生保護法人」が運営していて、全国に103か所ある。

だいたい55日を目安に、ここで暮《く》らし、仕事を見つけてお金を貯《た》めて、アパートに移《うつ》ることをめざす。住まいや食事、お風呂《ふろ》を提供《ていきょう》してもらえて、仕事探《さが》しのアドバイスもしてくれる。原則《げんそく》として働ける状態《じょうたい》の出所者を対象にしているけれど、入居後《にゅうきょご》、どうしても仕事ができないことがわかれば、生活保護を受給することになる。

もうひとつの自立準備ホームも、同じように出所者が一時的に滞在する場所だけれど、専用《せんよう》の施設ではない。NPOや社会福祉法人、宗教《しゅうきょう》法人とか、いろいろな団体が持つ建物の一部を保護観察所《ほごかんさつしょ》に登録して、出所者を受け入れる制度だ。2011年以降じょじょに増《ふ》えてきて、2017年時点で375団体が登録している。

どちらも、国の税金《ぜいきん》で運営されているから利用料はかからない。出所後に行き場のない人の受け皿として、頼《たの》もしい存在《そんざい》だ。だけど、これで問題が解決《かいけつ》するわけじゃない。

大部分の更生保護施設や自立準備ホームは、罪名《ざいめい》によって、あるいは障害があることによって出所者を選別している。高齢《こうれい》なだけなら、わりと支援しやすいから、すぐに受け入れ先が決まる。ところが、障害のある人はそうはいかない。とくに、一見そうとはわからない、発達障害のある人は排除《はいじょ》されやすい。障害があるがゆえに、空気を読むことが苦手で、施設やホームに入所したあと「こんなところに来たくなかった」「反省なんてわからない」とか言っちゃうことがある。結果、更生保護施設や自立準備ホームから追い出される人も少なからずいる。

せっかく制度はできたのに、障害のある出所者は、あいかわらず社会のすみに追いやられているんだ。

東京にあるNPO法人「自立支援センターふるさとの会」は、そうした人たちを積極的に受け入れている、数少ない存在だ。空き家を借《か》り上げて自立準備ホームを運営している。ふるさとの会は、もともとホームレスを支援する団体で、かつての山谷《さんや》地区、つまり日《ひ》雇《やと》い労働者が多く住む地域で活動してきた。ホームレスの中には、高齢だったり障害があったりする出所者も多い。ふるさとの会では、長年そういう人を支援してきた実績《じっせき》があるから、ほかの更生保護施設や自立準備ホームが断るような出所者も、分けへだてなく受け入れてくれる。

以前、こんな話があった。

窃盗罪《せっとうざい》で服役していたJさんは、70代と高齢だった。仮釈放後《かりしゃくほうご》に更生保護施設に入ることが決まっていた。ところが、出所直前に認知症《にんちしょう》であることがわかり、予定していた更生保護施設から「うちには認知症の人を支援するノウハウはありません」と、白紙撤回《はくしてっかい》されてしまった。

僕はその話を聞きつけて、ふるさとの会に相談をもちこんだ。ふるさとの会がおこなう出所者支援活動の責任者は、秋山雅彦《まさひこ》さん。彼は二つ返事で受け入れを約束してくれたよ。仮釈放を判断する地方更生保護委員会は、仮釈放の許可《きょか》を取り消すつもりだったらしい。けれども、ふるさとの会が責任をもって支援することで、Jさんは予定どおり釈放されて、社会に戻ることができた。

彼は、出所後も再犯をすることはなく穏《おだ》やかに暮らした。最終的には、ふるさとの会で天寿《てんじゅ》をまっとうしたんだ。とってもおだやかな死に顔だったという。

3 障害者手帳《てちょう》がなくても困《こま》らない

築《ちく》50年はゆうに超《こ》えるだろう、古い木造住宅《もくぞうじゅうたく》。中に入ると、大きなダイニングテーブルで高齢の女性がくつろいでいた。壁《かべ》には夜の消灯《しょうとう》やお風呂の時間、喫煙《きつえん》のルールなどが掲示《けいじ》されている。奥《おく》にならぶ個室《こしつ》は、決して整理整頓《せいりせいとん》されてはいないけれど、まぎれもなく自由な雰囲気《ふんいき》がただよっている。

ここは、ふるさとの会の自立準備ホーム。福祉施設に比べると一般家庭の雰囲気に近く、ルールもゆるやかだ。常時《じょうじ》8人くらいが自立に向けて暮らしている。失業して貧困状態《ひんこんじょうたい》にある人、認知症の高齢者、そして、障害があって刑務所に入っていた人。それぞれに背《はい》景《けい》は違うけれど、区別なく同じ屋根の下で寝起《ねお》きしている。

ここの入居者のほとんどは、障害があっても障害者手帳を持っていない。だって、それで困ることがあまりないから。

日常《にちじょう》生活は、ふるさとの会のスタッフが支援するし、病気になればふつうに病院に行き、介護《かいご》が必要ならヘルパーに来てもらう。障害者手帳が必要な福祉サービスを使わなくても、十分に生活ができるんだ。

ふるさとの会は、長いことホームレスの人たちを支援してきた。中には認知症の人もいる。その経験《けいけん》から、どうやったらコミュニケーションがむずかしい人との信頼関係《しんらいかんけい》を築《きず》くことができるか、よく知っている。

認知症のある人は、ご飯を食べたことを忘《わす》れてしまって、「おなかがすいた」と言うことがある。そんなとき、ふるさとの会のスタッフは、決して「さっき食べたでしょ」とは言わない。だって、本人は食べていないと思っているのに、人から「食べた」って言われたら、「みんなで自分をだまそうとしているんじゃないか……?」って勘《かん》ぐりたくなるでしょ。

だから、「一緒《いっしょ》に作りましょうか」「そうですね、準備《じゅんび》するので待っていてくださいね」とか言うんだ。そのうち、「やっぱり、おなかいっぱいだった」とか「もういいや」ってなることが多い。


精神障害のある人なら、幻覚《げんかく》が見えたり、幻聴《げんちょう》が聞こえたりすることがある。だれもいないのに「いまそこに人がいた」と怖《こわ》がったり、何も言っていないのに「あの人が自分の悪口を言う」と訴《うった》えたりするんだ。そんなときにも「そうだったんですね、困りましたね」「もうだいじょうぶですよ」と声をかける。

本人の世界を否定《ひてい》するんじゃなくて、そっと寄《よ》りそう。それができれば、障害があっても公《おおやけ》の福祉に頼《たよ》ることなく、暮

らし続けられる。

法務省《ほうむしょう》は、障害があって身寄《みよ》りのない出所者に、更生保護施設や自立準備ホームにいるあいだに障害者手帳を取らせて、福祉につなげようとしている。だけど軽度の知的障害者は、手帳があっても利用できるサービスはあまり多くない。生活保護を受けやすくはなるけれど、ちゃんとサポートしていれば、手帳がなくても受給できる。

障害の重い人が入る福祉施設は、食事やお風呂、トイレの時間まで決められていて、ややもすると刑務所よりきびしく管理されている。それに、悲しいかな、いまだに人里離《はな》れた山奥《やまおく》にあることが多い。まるで、障害者を隔離《かくり》するみたいに。このままでいいわけないよね。

出口支援は整いつつあるけれど、同時に、障害のある出所者に対する社会の意識《いしき》も変わらなくちゃ、せっかくの支援策《しえんさく》も生きてこない。管理や隔離をするのではなく、ふつうに暮らせる社会をめざさなくちゃ。

4 刑務所以外の行き先を探《さが》す「入口支援」

刑務所を出たあとの「出口支援」が広まるにつれて、刑務所に入る前、つまり留置場《りゅうちじょう》や拘置所《こうちしょ》の段階《だんかい》で支援する、「入口支援」もじょじょに始まってきた。

2013年には、検察庁《けんさつちょう》に社会福祉士が配置された。社会福祉士は福祉の専門家。「社会復帰アドバイザー」などと呼ばれ、起訴《きそ》されない見通しの人、あるいは裁判《さいばん》で執行猶予《しっこうゆうよ》がつきそうな人を支援する。地域生活定着支援センターや福祉施設と調整をして、社会に戻ったあとの居場所も手配してくれるんだ。

ところによっては、福祉の専門家らで作った委員会が、警察《けいさつ》・検察の捜査《そうさ》段階からかかわるしくみもできている。障害があったり高齢だったりする被疑者《ひぎしゃ》（逮捕《たいほ》された人）への支援計画を立てて、その計画書を裁判所に提出《ていしゅつ》し、刑を軽くしてもらうようはたらきかけるんだ。長崎《ながさき》県の社会福祉法人「南高愛隣会《なんこうあいりんかい》」と地元の検察庁による取り組みがよく知られる。

弁護士《べんごし》による入口支援もある。
裁判で執行猶予がつくように、情状証人《じょうじょうしょうにん》を探すんだ。情状証人っていうのは、法廷《ほうてい》に立って被告人《ひこくにん》の事情《じじょう》を説明して、少しでも刑を軽くしてもらうためにアピールする人のこと。被告人には障害があって、軽い罪であること、釈放後はちゃんと支援をする人がいることなどを証言台《しょうげんだい》で話すんだ。

ふるさとの会のスタッフは、弁護士に頼まれて、いくどとなく情状証人になっている。秋山さんがとくに印象に残っているのは、知的障害のあるKさんのことだ。

Kさんは、かつて放火罪《ほうかざい》で服役していた男性。出所後は行き場がなく、やむなくホームレス状態になった。そのうち、ねぐらにしていた公園で、よく会う男性と一緒に住むことになった。その男性はマンションにひとり暮らしで、身のまわりの世話をしてくれる人がほしかったらしい。

だけど、同居生活《どうきょせいかつ》が始まって少したつとトラブルが起きた。男性はKさんに食事を提供してくれるけれど、まるでめしつかいのようにこき使う。Kさんは、文句《もんく》を言いたくても、障害のためにうまく気持ちを言葉にできない。しだいにイライラをつのらせ、ある日マンションに火をつけてしまった。

マンションは全焼《ぜんしょう》。幸い、ケガ人は出なかったけれど、「現住建造物等放火罪《げんじゅうけんぞうぶつとうほうかざい》」という、死刑《しけい》もありうる重罪《じゅうざい》を負った。

Kさんは、前回、刑務所を出てから1年もたっておらず、まだ執行猶予中だった。弁護士も秋山さんも、「実刑判決《じっけいはんけつ》はまぬがれないだろう……」と予測《よそく》していた。

ところが、結果は執行猶予つきの判決。

きっと、ふるさとの会が身元引受人になることを、法廷ではっきりと言ったのが功《こう》を奏《そう》したんだと思う。Kさんはふたたび刑務所に行くことはなく、いまも地域で暮らしながら、罪を償《つぐな》っている。

このように、障害者が刑務所に入らずにすむケースがあらわれ始めている。だけど、まだ一部の人だけ。たまたま、累犯障害者《るいはん》の問題に意識《いしき》のある弁護士や、検察官に当たった人だけが救われているにすぎない。

ほんとうだったら、刑法《けいほう》そのものも変わる必要があると僕は思っている。刑法で定められた刑罰《けいばつ》には、死刑、懲役《ちょうえき》、禁固《きんこ》、罰金《ばっきん》などといくつかあるけれど、累犯障害者が受けるのは、ほとんど懲役刑だ。もっと、罪を犯した人の背景に応《おう》じた償いかたがあってもいいんじゃないだろうか。たとえば、社会にいて、必要な支援を受けながら奉《ほう》仕《し》活動をするとかね。

たいせつなのは、罪を償って二度と再犯しないことであって、刑務所に入れることではないんだから。

5 「協力雇用主《こようぬし》」は増《ふ》えたけれど

就労《しゅうろう》。それは、刑務所を出所した人の前に立ちはだかる高い壁《かべ》だ。

面接《めんせつ》の場で、過去《かこ》の服役経験を話そうものなら、「ご縁《えん》がなかったということで……」などと言われ、不採用《ふさいよう》になるのがオチだ。法律上は、服役していたことを話す義務《ぎむ》はないから、あえて伝えずに就職《しゅうしょく》できたとしても、あとあとうわさになったり、何かのきっかけで知られたりして、会社にいづらくなることも多い。

「刑務所に入ったんだから、よほどの極悪人《ごくあくにん》だろう」

「一緒に仕事をするなんて怖《こわ》い」

そんな冷たい偏見《へんけん》は、いまも根強い。世間では働き手不足が叫《さけ》ばれているけれど、出所者に関しては例外なんだ。

仕事のない出所者の再犯率《さいはんりつ》は、仕事のある出所者に比べて約3倍も高い。だから国も、

再犯防止策として「協力雇用主制度」を設《もう》けている。

出所者を雇用、あるいは職場体験のために受け入れた事業者に、国が報奨金《ほうしょうきん》を支払《しはら》ったり、公共事業への競争入札《にゅうさつ》を優遇《ゆうぐう》したりする制度だ。2006年の制度開始以来、協力雇用主として登録している事業者はどんどん増えて、2017年には1万8555社に。10年前の2008年に比べると約2・8倍にのぼる。建設業《けんせつぎょう》やサービス業、製造業《せいぞうぎょう》の事業者が多い。

ところが、実際《じっさい》に雇用しているのはわずか4%、800社弱にとどまる（2017年）。制度はあっても、うまく機能していないのが現状《げんじょう》なんだ。

同時に、出所者側も変化している。

前出の秋山さんによると、ふるさとの会が自立準備ホームを始めた2011年ごろは、高齢だけど建設業の経験があって、働く意欲《いよく》が高い出所者からの相談が多かったという。それから7年くらいたつと、若《わか》い出所者が増えてきて、建設業の経験者はあまりいない。人とのコミュニケーションが苦手で、サービス業も長く続かない。ひとりでコツコツ作業をする倉庫の仕事とかがいいみたいだけれど、そういう仕事はそれほど多くない。

協力雇用主が用意している仕事と、出所者が希望する仕事とが、ミスマッチを起こしているんだ。

ただね、悲観ばかりしていてもしょうがない。僕は、出所者の就労を支援するNPO法人「東京都更生保護就労支援事業者機構」の役員もやらせてもらっているけれど、協力してくれた事業者はかならずこう言うよ。

「いい人を紹介《しょうかい》してくれて、ありがとうございます」

刑務所を出所した人は、就労することがどれだけむずかしいか知っているから、仕事に対する覚悟《かくご》が違う。それに、世の中に「出所者なんて……」という先入観があるぶん、ふつうに働いているだけで「案外《あんがい》いい人じゃないの」って思われるのかもしれない。

じゃあ、雇用したあとに何もトラブルはないかというと、それも考えかたしだいなんだ。

協力雇用主ではないけれど、出所者を雇用している、ある社長さんは、笑顔《えがお》でこう言っていた。

「出所者を雇用していて、ある日、工場の一部に放火されました。ただ、放火事件が起きてはじめて出所者だと知ったんです。言われなければ気づかないくらい、何も問題はなかった。その人の前科は放火だったので、最初からわかっていたら、火をあつかう場所とは遠い持ち場に配置していたでしょうね」

服役していた過去があっても採用《さいよう》したし、彼の背景を知っていれば、トラブルを未然《みぜん》に防《ふせ》げた、というんだ。


出所者の背景に合わせた雇用は、日本の産業界全体の課題だと思う。

とくに知的障害のある人の就職はむずかしいんだ。でも僕は、軽度の知的障害者で、なおかつ発達障害もある人が、有能な働きぶりを見せている現場を知っている。彼の仕事は、大手企業《おおてきぎょう》の本社内での郵便物《ゆうびんぶつ》の振《ふ》り分け。大きな会社だから、毎日何千通もの郵便物が届《とど》く。それに発送の準備もある。そうした郵便物を部署《ぶしょ》ごと、担当者《たんとうしゃ》ごとに分類するんだ。なかなか根気のいる作業だけど、彼の仕事は早い早い。障害の特性《とくせい》で、ものすごく記憶《きおく》力《りょく》がいいから、海外の支店名《してんめい》や外国人社員の名前まで完璧《かんぺき》に覚えていて、感心するほどテキパキと手紙を振りわけた。その会社は、能力に応じた高いお金を払って、そのまま彼に仕事を任《まか》せ続けている。

ふるさとの会でも、障害のある出所者を雇用している。ふるさとの会は介護《かいご》サービス事業をやっていて、給食センターも運営している。出所者には、そこのスタッフとして働いてもらうんだ。高齢者の生活上のお世話、食事づくり、配膳《はいぜん》、清掃《せいそう》など、その人に合った仕事を紹介している。軽度の知的障害のある人は、介護の仕事にピタッとはまることが、けっこうあるようだ。仕事をするなかで高齢者と打ち解《と》けて、生きる喜びを見いだす人もいる。

仕事は、お金を稼《かせ》ぐためだけのものじゃない。人との交流をもたらし、社会の一員としての再出発《さいしゅっぱつ》を支えてくれるものでもある。出所者だからといって、だれもやりたがらない仕事を押《お》しつけるんじゃなく、彼らがやりがいを感じられる就労ができるようになるといいよね。

6 「支援」と「役割《やくわり》」で人は変わる

刑務所を出所した人が、社会にとけこんでいくためには、住まい、仕事にならんで、もうひとつ欠かせないものがある。

答えは「役割」だ。

人は、だれかに必要とされるから生きていようと思える。自分が果たすべき役割があるから、がんばっていける。それは、お金をもらう仕事じゃなくたってかまわない。

Lさん（30代・男性）は、軽度の知的障害で、幼《おさな》いころから父親に虐待《ぎゃくたい》を受けていた。窃盗罪で服役していたけれど、周囲に心を閉ざし、刑務所の中ではだれとも口をきかない。出所後は生活保護を受けて、知的障害の人が共同で暮らすグループホームに住んでいた。

そこには高齢の入居者もいる。彼は、だれに頼まれたわけでもないのに、高齢者のお世話をするようになった。グループホームのルールを忘れて高齢者が困っていると、一生けんめいに教える。いつのまにか〝頼れる管理人さん〟のような立ち位置になった。Lさんは、少しずつ笑顔を見せるようになり、高齢者施設でボランティアをするようになった。

ほどなくして、生活保護をやめた。なぜって？　結婚《けっこん》したい人ができたからだ。

同じく高齢者施設でボランティアをしていた女性と、恋《こい》に落ちた。彼女《かのじょ》と結婚し、新しい家庭を築《きず》くために、生活保護を脱《だっ》して自活できるようになろうとしている。目標は、高齢者施設の事業者になることだ。

出所からボランティアを始めるまで約2年。いまはもう、だれも彼を障害者とは思っていない。

もっと手軽な役割でもいい。

ふるさとの会の自立準備ホームに住んでいる70代の男性は、認知症があって仕事はしていない。けれど、毎日ホームの植物の水やりを欠かさない。彼が育てている緑は、ほかの入居者《にゅうきょしゃ》の心をも和《なご》ませている。

ふだんの暮らしの中に、なんらかの役割があるだけで、生きる張《は》りあいになる。

障害のある人が役割をになっていけるかどうかは、〝社会の目〟にかかっている。

ふるさとの会の自立準備ホームに住んでいるMさんは、中度の知的障害がある。彼の役割は、自立準備ホームの前の道をそうじすることだ。いつしか、ゴミ袋《ぶくろ》を持ってバスに乗り、三つとなりの駅までゴミを拾い続けるようになった。コンビニのゴミ箱を開けて、燃《も》えるゴミ、燃えないゴミを分別することもある。

見方によっては、不審《ふしん》な行動かもしれない。ここで「何やってんだ！」とどなられようものなら、彼はパニックになってしまうだろう。

だけど、この地域の人たちは違った。だれひとりとして、彼の行動を非難《ひなん》しなかった。別に同情《どうじょう》しているわけじゃない。ただたんに、「いつもゴミを拾っている人なんだな」と、あたたかく見守っている。「ありがとう」と声をかけてくれる人もいる。

Mさんは安心して、毎日ゴミを拾い続ける。

さて、だれもが安心して暮らせる社会って、どんな社会だろうか。

キーワードは「ソーシャルインクルージョン（社会的包摂《ほうせつ》）」だ。包摂っていうのは、何かを包みこむという意味。ソーシャルインクルージョンは、社会から排除されているすべての人を、ふたたび社会に受け入れ、彼らが人間らしい暮らしができるようにしよう、という考えかただ。

罪を犯した障害者は、それまでの人生のほとんどを被害者として生きてきた。結果として、前科というものを背負《せお》ったがために、「障害者」「前科者」と二重の差別を受けて、いちばん排除されやすい存在になっている。

いちばん排除されやすい人たちを包みこめば、だれも排除されない社会になるよね。もちろん、その中に君も属《ぞく》している。

おそらく、日本という国は、もう爆発的《ばくはつてき》に人口が増えることはない。経済活動《けいざいかつどう》の中心は人なのだから、それをどんどん排除していては先行きが暗いよね。罪を犯した障害者を社会に受け入れることは、この国にとっての成長戦略《せいちょうせんりゃく》だと思う。障害のある本人だけじゃなく、みんなにとってプラスになる。

僕は、自分の出所後のエピソードをつづった『続《ぞく》 獄窓記《ごくそうき》』の最後に、「出所者の問題に一定の道筋《みちすじ》をつけなかったら、自分自身の受刑生活が終わらないような気がする」と書いたけれど、その思いはいまも変わっていない。

刑務所の入り口が、排除の入り口じゃなくて、インクルージョンの入り口になるまで、僕の受刑生活は終わりはしない。

参考文献

警察庁「犯罪統計資料　平成29年1月~12月【確定値】訂正版」
警察庁「平成29年版　警察白書」２０１７年
警察庁「平成28年　犯罪被害者白書」２０１６年
警察庁「犯罪統計書　平成28年の犯罪」２０１６年
法務省「犯罪白書」各年版
法務省「矯正統計年報」２０１６年
法務省「知的障害を有する犯罪者の実態と処遇」２０１４年
法務省「認知症傾向のある受刑者の概数調査（報告）」２０１６年1月
厚生労働省「障害福祉サービス費等の報酬算定構造」２０１８年4月施行分

著者　山本譲司（やまもと じょうじ）

1962年生まれ，元衆議院議員。2000年に秘書給与詐取事件を起こし，一審での実刑判決を受け服役。獄中体験を描いた『獄窓記』（ポプラ社）が新潮ドキュメント賞を受賞。障害者福祉施設で働くかたわら，『続 獄窓記』（ポプラ社），『累犯障害者』（新潮社）などを著し，罪に問われた障害者の問題を社会に提起。NPO 法人ライフサポートネットワークや更生保護法人同歩会を設立し，現在も高齢受刑者や障害のある受刑者の社会復帰支援に取り組む。PFI 刑務所の運営アドバイザーも務める。2012年に『覚醒』（上下，光文社）で小説家デビュー。近刊に『エンディングノート』（光文社）。

編集協力　越膳綾子
装幀・イラスト　わたなべひろこ

刑務所《けいむしょ》しか居場所《いばしょ》がない人《ひと》たち
――学校《がっこう》では教《おし》えてくれない、障害《しょうがい》と犯罪《はんざい》の話《はなし》

2018年５月15日　第１刷発行
2019年１月31日　第５刷発行
定価はカバーに表示してあります

著　者　山　本　譲　司
発行者　中　川　　進

〒113-0033　東京都文京区本郷2-27-16

発行所　株式会社　大　月　書　店
印刷　太平印刷社
製本　中 永 製 本

電話（代表）03-3813-4651　FAX 03-3813-4656／振替 00130-7-16387
http://www.otsukishoten.co.jp/

ISBN 978-4-272-33093-5　C0036　Printed in Japan